En couverture :

Dessin de Corinne VENOT, d'après une figurine yoruba du Nigéria représentant un couple d'Edan (Musée des Arts Africains et Océaniens, n° M.N.A.N. 69.8.1).

LE DAY DE BOUNA
(Tchad)

II

LEXIQUE DAY-FRANÇAIS
INDEX FRANÇAIS-DAY

SOCIÉTÉ D'ÉTUDES LINGUISTIQUES ET ANTHROPOLOGIQUES DE FRANCE
77-78

Pierre NOUGAYROL

LE DAY DE BOUNA
(Tchad)

II

LEXIQUE DAY-FRANÇAIS
INDEX FRANÇAIS-DAY

Publié avec le concours du
CENTRE NATIONAL DE LA RECHERCHE SCIENTIFIQUE
1980

ISSN : 0249-7050
ISBN : 2-85297-044-9

RÉSUMÉS

Pierre NOUGAYROL - Le day de Bouna (Tchad). II. Lexique day - français. Index français - day.
1981, Paris, SELAF (Bibliothèque 77-78)

Complétant les *Eléments de description linguistique* (Tome I, Bibliothèque 71-72), un aperçu est donné ici du lexique day, sous la forme d'un lexique day - français de près de deux mille entrées. La transcription des mots day est phonologique, de même que l'ordre de classement. Diverses informations (catégorie grammaticale, définition, exemple, etc.) sont généralement apportées pour chaque item considéré. L'ouvrage s'achève sur un index français - day.

Pierre NOUGAYROL - The Bouna Dialect of Day (Chad). II. Day - French Vocabulary. French - Day Index.
1981, Paris, SELAF (Bibliothèque 77-78)

This volume is a supplement to the *Elements de description linguistique* (Volume I, Bibliothèque 71-72), and contains a sampling of the lexicon, presented as a Day - French vocabulary of some two thousands terms. The Day words are phonologically transcribed and ordered. Information such as grammatical category, definition, and example of usage are provided for most items. At the end of the work is a French - Day index.

Pierre NOUGAYROL - El day de Buna (Chad). II. Léxico day - francés. Indice francés - day.
1981, Paris, SELAF (Bibliothèque 77-78)

Completando los *Elementos de descripción linguística* (Tomo I, Bibliothèque 71-72), se ofrece aquí una idea general del léxico day bajo la forma de un léxico day-francés de cerca de dos mil entradas. La transcripción de los vocablos day, lo mismo que el orden de su clasificación, es fonológica. Para cada vocablo considerado se suministran diversas informaciones (categoría gramatical, definición, ejemplo, etc.). La obra se termina con un índice francés-day.

Pierre NOUGAYROL - Das Day von Bouna (Tschad) II. Lexikon (day-französisch). Wörterverzeichnis (französisch-day).
1981, Paris, SELAF (Bibliothèque 77-78)

Nach den *Eléments de description linguistique* gibt der Autor, mit diesem Werk, eine ergänzende Beschreibung des Wortschatzes der Daysprache, nämlich ein Lexikon das ungefähr 2000 Wörter enthält. Die Wörter sind in phonologischer Schrift abgegeben, und die Ordnung in phonologischer Reihe gestellt. Für jedes Wort sind die grammatische Kategorie, der semantische Inhalt, sowie mehrere Beispiele angegeben. Am Ende des Buches befindet sich ein Wörterverzeichnis (französisch-day).

Пьер НУГЭРОЛЬ - Язык дай села Буна (Чад). II. Дай-французская лексика. Французско-дай указатель.
1981, Paris, SELAF (Bibliothèque 77-78)

Настоящая работа является приложением книги "Основы лингвистического описания" (Tome I, Bibliothèque 71-72) и дает краткое изложение лексики дай под видом дай-французской лексики около двух тысяч слов. Слова транскрибированы фонологически и распределены по фонологическому порядку. Разные сведения так как грамматическая категория, значение, пример и.т.д. даются для почти всех терминов. Работа кончается французско-дай указателем.

LEXIQUE

DAY - FRANÇAIS

ABRÉVIATIONS ET SIGNES

acc.	accompli	*N pl.*	nominal indépendant pluralisable
aux.préd.	auxiliaire de prédication	*Nd1*	nominal dépendant
dét.	déterminatif	*Nd1 non pl.*	nominal dépendant non pluralisable
inacc.	inaccompli	*Nd1 pl.*	nominal dépendant pluralisable
mp	modalité personnelle	*Nd2*	nominal semi-dépendant
pl.	pluralisateur	*Vn*	verbo-nominal
o.i., o.i.	origine inconnue	C, c	consonne
var., var.	variante individuelle	V, v	voyelle
A	adverbal	*	forme non attestée
N	nominal indépendant		
N non pl.	nominal indépendant non pluralisable		

Conventions adoptées dans l'analyse des textes (d'après l'ER 74) :

//	sépare des énoncés indépendants
#	sépare des propositions en relation de dépendance; c'est une limite de proposition
#	indique les limites d'une proposition déterminante d'un terme non verbal de l'énoncé, comme la proposition relative
/	sépare les éléments primaires de l'énoncé les uns par rapport aux autres
‖	sépare, dans un syntagme, des éléments qui sont dans un rapport de coordination, de juxtaposition ou de double détermination
|	sépare les termes d'un syntagme, en relation de détermination, les uns par rapport aux autres, c'est-à-dire les éléments d'une expansion secondaire, ainsi que l'auxiliaire de prédication/copule du prédiqué
| |	forme structurelle
+	indique un amalgame
-	sépare d'une part les éléments d'un dérivé, d'autre part le nominal dépendant ou semi-dépendant de la modalité personnelle liée
.	sépare les éléments d'un composé
..., ---	sépare les éléments d'un thème à signifiant discontinu

PRÉSENTATION

Ce lexique regroupe l'essentiel des items utilisés pour l'établissement de la phonologie[1]. Un certain nombre d'entre eux (un peu moins d'une cinquantaine), dont le sens demeure par trop indéfinissable ou dont la forme est incertaine voire incomplète, n'ont pas été insérés[2].

On ne trouvera là guère plus qu'une esquisse. Aucune recherche particulière n'ayant pu être menée sur le lexique en tant que tel, ce qui se rapporte notamment aux catégories grammaticales, à la structuration des signifiés et au traitement de l'homophonie, est à prendre sous toutes réserves. Nous avons renoncé, d'autre part, à donner autant d'exemples que nous l'aurions souhaité, attendu que la syntaxe de l'énoncé n'a pas été abordée. Quant à la partie encyclopédique, la place qui lui est impartie est des plus restreintes.

Classement

Chaque thème (monème ou synthème dès lors qu'il est identifié) fait l'objet d'une entrée particulière, à l'exception notable des composés désignant une plante (ou un animal) et dont le signifié est inclus dans celui du premier terme conjoint, ou, du moins, s'y apparente étroitement.

ex. Les composés sɔ̀n pùū (sésame. ?), "*Sesamum radiatum* SCHUM.", sɔ̀n bíí (sésame.noir), "sésame *sp.*", et sɔ̀n tōō-rɔ̄ (sésame.blanc), "*Sesamum indicum* L.", sont rangés sous l'entrée sɔ̀n, "sésame", qui est le terme générique

---

1 *Le day de Bouna (Tchad) I. Phonologie, syntagmatique nominale, synthématique*, (Bibliothèque de la SELAF, 71-72), Paris, SELAF, 1979.

2 Ont été également tenues à l'écart les modalités personnelles liées sing. : certaines sont inclassables (*v.* paradigme 1), d'autres posent le problème de leur forme lexicale (*v.* paradigmes 2 et 3). *Ibid.*, pp. 125-9.

et le plus fréquent. De même, mbàlà dāā sōng yāá (grosse igname *sp.*.paume. main.enfants), "igname *sp.*", doit être cherché dans l'article mbàlà, "grosse igname *sp.*". Mais le composé mbàlà ʔém (grosse igname *sp.*.arbre) constitue une entrée distincte puisqu'il dénote génériquement le manioc (ou certaines espèces de manioc) et, à son tour, sert de base à plusieurs composés.

En règle générale, si l'on met à part les conventions adoptées dans la graphie des voyelles longues ou à ton modulé[3], les mots de la langue sont transcrits *phonologiquement*. Toutefois, ceux dont le statut phonologique n'a pas été arrêté sont laissés en phonétique, et figurent entre crochets. Mais, dans les exemples comme dans les renvois, on leur a appliqué, par commodité, une graphie phonologique.

Le classement des entrées s'inspire tout naturellement du système phonologique tel qu'il a été établi.

Pour les *consonnes* qui, rappelons-le, sont les seuls phonèmes à apparaître en en position initiale, on part des labiales pour aboutir aux postérieures en allant, à l'intérieur de chaque ordre, des glottalisées aux continues, ou à la vibrante dans le cas des dentales.

D'où l'ordre consonantique suivant (l'ordre des *23 divisions* du dictionnaire) : ʼb, p, b, mb, m, v, ʼd, t, d, nd, n, l, r, s, j, nj, ɲ, y, ʔ, k, g, ng, h.

Le classement des *voyelles* se fonde à la fois sur la phonologie et la graphie.

En ce qui concerne le timbre, on suit le triangle vocalique : du plus fermé au plus ouvert pour les voyelles antérieures (soit i, e, a), puis du plus ouvert au plus fermé pour les postérieures (soit ɔ, o, u). Les digrammes isotones (les voyelles longues) se placent immédiatement après les monogrammes correspondants (les voyelles brèves) et précèdent les digrammes hétérotones (les voyelles à ton modulé). Les tons sont classés de bas à haut, chaque ton ponctuel étant suivi des modulés (descendants puis montants) dont la première more est de même registre : ˋ, ˋ¯, ˋˊ, ¯, ¯ˋ, ¯ˊ, ˊ, ˆ, ˊ¯. Enfin, les voyelles nasales viennent à la suite des voyelles orales correspondantes (ḛ après e, o̰ après o) ou approchante (ə̰ après a).

On obtient donc l'ordre théorique suivant : ì, ìì, ìī, ìí, ī, īī, īì, īí, í, íí, i᷍i, íī, è, èè, èē, èé, ē, ēē, ēè, ēé, é, éé, e᷍e, éē, ḛ̀, ḛ̀ḛ̄, ḛ̀ḛ́, ḛ̄, ḛ̄ḛ̀, ḛ̄ḛ́, ḛ́, ḛ᷍ḛ, ḛ́ḛ̄, à, àà, àā, àá, ā, āā, āà, āá, á, áá, a᷍a, áā, ə̰̀, ə̰̀ə̰̄, ə̰̀ə̰́, ə̰̄, ə̰̄ə̰̀, ə̰̄ə̰́, ə̰́, ə̰᷍ə̰, ə̰́ə̰̄, ɔ̀, ɔ̀ɔ̄, ɔ̀ɔ́, ɔ̄, ɔ̄ɔ̀, ɔ̄ɔ́, ɔ́, ɔ᷍ɔ, ɔ́ɔ̄, etc.

Le classement des combinaisons graphiques répond au principe mis en oeuvre dans tout dictionnaire alphabétique, étant entendu que chaque graphème vocalique renvoie à une voyelle distincte. Remarquons, en outre, que, devant consonne et, principalement, devant CVC-, les voyelles prennent le pas sur les consonnes : lìvjì vient après lìvìjì, gángnà après gángā.

---

[3] *Op. cit.*, p. 23, note 2.

Homophones et polysèmes

Il existe, en lexicographie, une façon d'abolir l'opposition entre homophonie (ou homonymie) et polysémie ; elle consiste à faire en sorte que chaque adresse enregistre un sens *et un seul*. Cette solution, pour adoptée qu'elle soit au caractère élémentaire de notre travail, n'en est pas moins inapplicable dans sa rigueur. A signifiants identiques, nous avons donc choisi de dissocier radicalement les signifiés qui, dans le cadre réduit du corpus, ne présentent, *semble-t-il*, aucun trait commun (homophones), et de ne réunir sous une même entrée que ceux qui, *apparemment*, ressortissent au même sémantisme (polysème). De "semble-t-il" en "apparemment", on voit quelle part d'appréciation personnelle et par conséquent d'arbitraire entre dans un tel procédé, mais, compte tenu de l'état de nos recherches en cette matière, il ne pouvait en être autrement.

Ainsi, nə̰̄ "*N*, petit scorpion *sp.*" et nə̰̄ "*N*, chemin, piste, route" sont traités comme des homophones puisque rien, hormis leur forme, n'autorise à les rapprocher pour le moment. Mais il n'est pas impossible qu'une enquête plus approfondie mette au jour un sens (ou une association) incitant à les concilier. Il en sera de même de ʔāàv "esquiver, éviter" et ʔāàv "récolter (l'arachide, le pois de terre)", etc.

En revanche, pɔ̄ɔ̀r "creuser (un trou)" et pɔ̄ɔ̀r "construire (kāsārā,...)", comme gɔ̰̀ "*Nd1*, coeur (organe)" et gɔ̰̀ "*N*, tambour", constituent deux aspects d'un même sens dans la mesure où ils ont en commun l'idée de "creuser un trou" — pour bâtir un séchoir (kāsārā), on commence par creuser des trous dans lesquels on plante les montants — dans le premier exemple, et de "battement"(?) dans le second. Nous en ferons donc des polysèmes, chacun relevant d'une même entrée.

Tout polysème, que la catégorie grammaticale varie d'un sème à l'autre ou non, donne lieu, d'ordinaire, à une entrée unique. Cependant, par souci de clarté, nous avons assigné plusieurs adresses aux unités dont la catégorie grammaticale est particulièrement diversifiée.

ex. ʔə̰̄ — *Nd1*, 1. dos...
ʔə̰̄ — *N*, (*du mot précédent*), derrière...
ʔə̰̄ — *A*, (*de Nd1*), alentour
ʔə̰̄ — *néo-fonctionnel?*, (*de Nd1*), derrière...

Plan des articles

Un certain nombre d'informations sont fournies sur chaque terme.
Les informations d'ordre grammatical apparaissent en tête d'article. Et d'a-

bord, mais seulement si elle est déterminable, la catégorie grammaticale (nous reprenons la classification ébauchée par ailleurs[4]). Nous ferons à cet égard deux remarques.

1. Les verbaux sont classés selon la forme verbo-nominale (la plus fréquente dans le cas des verbaux de structure CV:, soit cv̄v̀ ou cv̂v), l'inaccompli et l'accompli étant indiqués entre parenthèses, sous l'entrée. On n'a pas jugé utile de préciser davantage la catégorie, sauf lorsque le verbal est invariable.

ex. bāà (bàà,bāā) — casser, briser, écraser

rúú — *verbal*, être bien écrasé...

2. Le qualificatif *néo-fonctionnel* signale une évolution *possible*, et non pas évidente, de certains nominaux (nominaux dépendants 1, à l'exception de ʔàà) dont le comportement dans la chaîne s'apparente parfois à celui des fonctionnels. Mais l'interprétation est rendue fort délicate du fait de la tendance à l'autonomie des thèmes et des syntagmes nominaux à valeur spatiale.

ex. hìɲ tè yē jâ̰a̰
/je/vais+*inacc.*/ - |Jean/
"je vais chez Jean"

Doit-on prendre *yē* dans son acception la plus courante à savoir "*Nd1*, corps", ou faut-il le considérer comme un *fonctionnel* ("chez") issu de *Nd1* par grammaticalisation? Dans le doute, il a paru préférable d'en faire deux adresses distinctes.

Si l'item défini est un composé (composé totalement identifié, composé partiellement identifié ou composé probable), un dérivé, un mot tenu pour un emprunt par l'informateur, ou un emprunt manifeste, la seconde information, mise entre parenthèses, est de nature étymologique. Dans le cas d'un composé, on précise le sens des constituants ou, si l'on a affaire à un composé probable, le découpage possible.

ex. composés totalement identifiés :

mō yî̀ — *N*, (lait.chèvre),...

gàà jì nī — *N*, (saisit+*inacc.*.reste+*inacc.*.avec),...

composés partiellement identifiés :

sārì mɔ̀n — *numéral*, (cinq. ?),...

gɔ̀lɔ́ rɔ̄g — *Nd1*, (? .cou),...

composés probables :

[pa̧lpū·] — *N*, (*composé probable* : pál.pùū),...

lívlív — *A*, (*composé probable* : lív.lív),...

Dans le cas d'un dérivé (verbo-nominaux exclus), c'est l'étymon qui est indiqué.

---

[4] *Op. cit.*, pp. 117-8.

ex.	dúng-nú	*Nd2*, (*de* dûng),...
	kōō-rɔ̄	*N*, (*de* kōò "tousser"),...

Dans le cas d'un emprunt, il ne saurait être question de restituer l'histoire du mot, son cheminement d'une langue à l'autre. Nous nous bornons à mentionner la provenance manifeste, c'est-à-dire, le plus souvent, la *langue d'origine* par opposition à la *langue de départ*, encore qu'elles puissent se confondre.

ex.	màrtīvī	*N*, (*de l'arabe*), papier

Nul doute que màrtīvī vienne de l'arabe[5] (*langue d'origine*). Mais cela ne veut pas dire qu'il ait été emprunté *directement* à l'arabe. Il est même vraisemblable que le day l'ait pris à une des langues qui l'entourent, mbay-Moīssala, ngambay ou sara-majingay (*langue de départ*).

Enfin, si l'origine du mot est inconnue, il en est fait mention.

ex.	bílbìl	*N*, (*emprunt o.i.*), bière de mil

L'entrée est ensuite définie. Elle est traduite, pour autant qu'il existe, en français, une expression sémantiquement équivalente ou approchante[6]. A défaut de quoi, la réalité désignée est décrite de façon succincte et éventuellement représentée (*cf.* Realia).

ex.	pɔ̄g	*N*, pirogue
	mbàglà	*N*, bout de bois qu'on enfonce sur les pointes du harpon (kɔ̀nɔ̄) et sur lequel on frappe pour bien emmancher le le fer (*cf.* Realia)

Quand l'unité est polysémique, les divers aspects du signifié sont numérotés (le *point-virgule*, qui sépare habituellement des nuances de sens ou, pour les verbaux, des constructions différentes, remplit parfois la même fonction) et classés suivant un plan *logique* qui, en principe, va de l'acception supposée première à l'acception apparemment la plus éloignée de l'acception première. Cependant, lorsque le signifié est étendu ou complexe, on a renoncé à une hiérachisation trop marquée.

ex.	gìtì	*Nd1*, 1. assise, base... 2. racine, rhizome... 3. poignée d'un instrument 4. derrière, fesses; abdomen, arrière-train (d'un animal) 5. début, commencement, origine 6. espèce, race, ethnie

---

5 *i.e.* de l'un des dialectes arabes parlés au Tchad ou de l'arabe véhiculaire.

6 On se gardera de prêter aux termes day la catégorie grammaticale des mots français mis en regard. Si bien des *Nd2* ont, par un artifice de traduction, été rendus au moyen d'adjectifs, il reste que les *Nd2* sont avant tout des *nominaux*, de quelque manière qu'on les traduise.

Il convient de ne pas prendre ce schéma au pied de la lettre : si le sens 6. paraît le moins fréquent, ce n'est certainement pas le plus éloigné du sens étymologique. On peut faire l'hypothèse que de l'étymon présumé "assise, base" procèdent deux séries de dérivés, l'une qui mène à "derrière, fesses" puis à "abdomen, arrière-train (d'un animal)", l'autre, plus abstraite, qui aboutit à "espèce, race, ethnie" en passant par "début, commencement".

Mais on n'oubliera pas qu'à ce stade de la recherche, toute reconstruction sémantique, parce qu'elle fait sans cesse appel à l'intuition du descripteur, ne peut être que sujette à caution.

Les parenthèses figurant à l'intérieur de la définition ont une valeur assez générale. Elles permettent tantôt de spécifier le contexte, tantôt d'apporter une explication, un éclaicissement, une précision jugée utile ou intéressante.

ex.	vírì (vīrì,vírì)	faire tournoyer en l'air, faire vrombir (en parlant du rhombe)
	sōò sòò,sōō	doter une femme (donner des biens compensatoires au lignage de la femme)
	kálà	*N*, calebasse (à boisson, à farine, etc.) dont l'intérieur est enduit de kaolin

Elles peuvent encore indiquer un synonyme[7] (*v. aussi*...), le terme correspondant en français local (*fr. loc.* "..."), ou renvoyer aux illustrations finales (*cf.* Realia).

ex.	dūù (dùù,dūū)	prendre, ramasser (*v. aussi* jīì, kāà)
	kátà	*N*, marmite (en argile cuite) (*fr. loc.* "canaris") (*cf.* Realia)

Les définitions s'assortissent parfois d'exemples d'emplois, lesquels comprennent non seulement des syntagmes choisis parmi les plus courants (voire des synthèmes non identifiés) mais également des énoncés complets suivis du mot à mot.

Enfin, de brèves indications d'ordre encyclopédique sont données çà et là, notamment à propos des plantes[8]. Elles portent sur les utilisations culinaires ou, plus généralement, alimentaires (notées *cul.*), thérapeutiques (*méd.*) et techniques (*techn.*). Elles évoquent, quelquefois, des croyances (*croy.*), ou décrivent un jeu, un rite, etc. (*ethn.*).

---

[7] Seuls sont pris en compte les synonymes désignés comme tels par notre informateur.

[8] Les déterminations botaniques sont dues au Professeur R. Portères, directeur du Laboratoire d'ethno-botanique du Muséum National d'Histoire Naturelle, et, pour une petite part, à M. Gaston, agrostologue au Laboratoire de recherches vétérinaires et zootechniques de Farcha (N'djamena).

Les déterminations ichtyologiques ont été établies par M. Koullo Belmya à partir du *Lexique de poissons en sar et en ngambay* de Pierre Palayer (Sarh, C.E.L., 1978), et nous ont été aimablement communiquées par Jacques Fédry.

’b

’bīrì (’bìrīì, ’bīrì)	rouler (une natte) (*v. aussi* kúrù), enrouler qqch. (dans un morceau de tissu, de papier) ’bīrì ʔə̄ : empaqueter, emballer
’bèēr	*N*, puce de chien, de poule
[’bạ̀’bạ̄ɾạ̄]	*N*, insecte *sp.* : punaise?
[’bạ́kạ́kạ́]	1. *fonctionnel*, jusqu'à 2. *subjonction*, jusqu'à ce que
’báálà	*N*, dermatose *sp.*
’bɔ̀ngɔ̄	*N*, hyène
’bɔ̄gɔ̀	*Nd2*, impureté, saleté (en parlant d'un liquide)
’bɔ̄gɔ̀ dām	*N*, (*cf.* .bière), bière de mil très épaisse, rougeâtre et enivrante mais peu prisée
’bɔ̄ngɔ̄	*N*, 1. colère 2. tristesse, chagrin; lamentations, gémissements (lors d'une mort) ’bɔ̄ngɔ̄ kērì (ɲíí) : se fâcher, être en colère (contre); être triste
’bɔ̄ngnɔ̄	*Nd2*, dur (par opposition à mou)
’bɔ́tɔ̄	*cf.* yɔ̀g ’bɔ́tɔ̄
’bòlò rɔ̄g	*Nd1*, (? .cou), crinière (d'un cheval, d'un lion)
’bòlò sōng ɲá	*N*, (? .bras.éléphant), trompe d'éléphant (*v. aussi* lòngò sōng ɲá)
’bòló	*cf.* yɔ̀g ’bòló
’bòló ɲíí	*Nd1*, (? .tête), cerveau, cervelle
’bòròrò	*Nd2*, en pointe, en pain de sucre
’bōtō	*Nd1*, taille (des hanches aux premières côtes)
’bùndú	*N*, champignon comestible *sp.*

'bùgù — *N*, panier fermé en feuilles de ronier tressées que l'on pend à la charpente de la case et dans lequel on conserve les semences de mil, le poisson ou la viande boucanés (*cf.* Realia)

'bū̄ū — *N*, autruche

'búgrù — *Nd1*, hanche

p

pīī	*N*, saison des pluies
píɲá	*Nd2*, sec, séché
pîì (pīī, píí)	souffler (avec la bouche)
pēgé	*N*, pique-boeuf
pé-rì (pḛ̄, pé)	vanner
péréré	*Nd2*, 1. à peine entr'ouvert (en parlant des yeux) 2. transparent
pêèr (pēr, pér)	empêcher, retarder (*v. aussi* ɲā-rì, ʔɔ̄gɔ̀) pêèr kúú : faire un noeud sur une corde; pêèr nām kúú : faire un noeud au bout d'une corde
pḛ́	*variante de* píɲà
[pàpɔ̀ɣlɔ̀]	*N*, sauterelle *sp.*
pànà	*N*, petite antilope *sp.* : céphalophe?
pàrì	*N*, boule de haricots à la farine de ndērī (les haricots sont pilés après avoir été bouillis)
pàrì	*N*, plante sauvage *sp.*
pàránjì	*N*, (*du sango*), la France
pàjā	*N*, (*du barma*), adjoint, homme de confiance, serviteur (d'un chef); disciple du Christ (chez les chrétiens)
pàjā ʔà kàà	*N*, (*cf.* .*dét.*.termite *sp.*), termite *sp.*
pàà	époux (*attesté seulement dans* bō̰ pàà *et* ʔûù pàà)
pàāy	*Nd2*, grosseur, gros pàāy mɔ̀mɔ̀mɔ̀ : énorme

pàāy pàāy	*Nd2*, (gros.gros), très gros
pā-rì (pà, pā)	pleurer (un mort)
pā-rì (pà, pā)	(se) gratter yēē pà yēèy :/chien/gratte+*inacc.*/corps+son/, le chien se gratte
pātì (pàtīì, pātì)	bouillir, être en ébullition
pārārā	*numéral*, huit
pāngIā	*N*, beignet de farine de mil
pá-rì (pā, pá)	sécher, être sec; se tarir, être tari
pálpàl	*N*, rideau de jonc fermant l'entrée des cases (*cf.* Realia)
[pạlpù˭]	*N*, (*composé probable* : pál.pùū), commélinacées *sp.* pálpùū ré vōō, pálpùū vōō : *N*, (—.[*dét.*].femelle), *Commelina benghalensis* L. (?) pálpùū ré táná, pálpùū táná : *N*, (—.[*dét.*].mâle), *Commelina Forskalei* VAHL (?)
pásì	*cf.* mbèrē pásì
páálà	*N*, natte en feuilles de ronier sur laquelle on fait sécher le gombo, le mil, la farine, le poisson, etc.
[pàtạlọ̄˴]	*N*, (*du français*), pantalon (*v. aussi* njālā)
pɔ̀ndɔ̀	*N*, (*du sango*), bananier, banane (*v. aussi* bànánà)
pɔ̄g	*N*, pirogue
pɔ̄ɔ̀r (pɔ̀r, pɔ̄r)	1. creuser (un trou) 2. construire (kāsārā, dàv, yāng jāā, yāng sīī, etc.)
pɔ̄ɔ̀ng (pɔ̀ng, pɔ̄ng)	piler, réduire en bouillie, en pâte
pɔ̀gtɔ̀	*N*, 1. mortier de la potière (un vieux mortier à grain) 2. siège (un vieux mortier coupé dans le sens de la longueur)
pōgō	*N*, arbre *sp.* : *Detarium microcarpum* (Césalpiniacées) (le fruit est consommé cru)
pōgtō	*N*, mare, trou naturel qui, en brousse, retient l'eau de pluie
pógò	*Nd2*, 1. léger, qui ne pèse pas 2. actif, vif, vivant, rapide
pôòr (pōr, pór)	*variante de* pêèr

pò̰	*N*, crosse de jet (utilisée notamment pour la chasse aux oiseaux)
pō̰ó̰	*N*, liane à latex *sp.* (le fruit est consommé cru)
pùtú	*N*, poussière pùtú ʔólò : sable, terre du Mandoul; pùtú ʔór :cendres
pùtú bùng	*N*, (*cf.* . ?), brouillard
pùū	*cf.* sɔ̀n pùū
pūù (pùù, pūū)	enlever (l'écorce d'un arbre)
pūùn (pùn, pūn)	prendre
pūù kúú (pùù, pūū)	(? .corde), faire une corde à l'aide des fibres d'une écorce
púr	*N*, plante sauvage *sp.*
púr	*Nd?*, saleté; cérumen ʔə̰̄ ndògō rē púr : //abords|clôture/*copule*|saleté//, les abords de la clôture sont sales

b

[bɪ̀tɛ̄̀·l] — *N*, (*du français*), bouteille (*v. aussi* gàsásà)

bɪ̀nā — *N*, son du mil
bɪ̀nā ré tɔ̄ɔ̄-rɔ̄ : deuxième son

bɪ̀nā — *N*, champignon comestible *sp.*

bɪ̀là — *N*, abri des animaux domestiques
bɪ̀là būù : niche à poules (en jonc) (*cf.* Realia); bɪ̀là yíɪ̀ : abri des chèvres (en pisé)

[bɪ̀ɾíbâ·] — *N*, (*composé probable* : bɪ̀rí.bâà), sarcelle

bɪ̀rí bō̰ — *Nd1*, (? .père), fille du frère du père

bɪ̀rí nɪ̄ɪ̄ — *Nd1*, (? .mère), fille de la soeur du père

bɪ̀sɪ̄ — *N*, 1. résidus de l'épis de mil (tige, balle, etc.) après qu'il a été pilé une première fois pour en détacher les grains
2. résidu, déchet, ce qui reste d'un aliment lorsque toutes les substances nutritives ont été retirées
bɪ̀sɪ̄ tɔ̄gɔ̄ : cire (de miel); bɪ̀sɪ̄ dām : marc (de bière de mil); bɪ̀sɪ̄ nɪ̄ng : viande carbonisée

bɪ̰̀ɲ — *N*, défunt (?)

bɪ̰̀ɲà — *N*, abeille *sp.*

[bɪ̀kɪ̄m] — *N*, arbre *sp.* (on fabrique les ruches avec le tronc)

bɪ̀ɪ̀ — *N*, brousse

bɪ̀ɪ̄ bō̰ — *Nd1*, (? .père), soeur du père

bɪ̀ɪ̄ nɪ̄ɪ̄ — *Nd1*, (? .mère), soeur de la mère

bɪ̀ɪ̰̄ɲ — *N*, coléoptère *sp.* : scarabée?

bɪ̄ndà ([bɪ̀ndɛ̄̀·], bɪ̄ndà) — courber, tordre; être cassé, tordu, contrefait, rabougri bīní — *A*, demain

bīlì ˀór — *N*, (? .feu), escarbilles

bīlā — *N*, lieu-dit : groupe d'arbres à l'écart de Bouna où se tient l'initiation des garçons

bīrì — *N*, tuteur (arbuste mort de gāgrā ou de bón) sur lequel on fait courir les plantes grimpantes ou rampantes (calebassiers, gourdes, courges, etc.)

bīrī — *N*, crapaud-buffle

bīrī rɔ̄g — *Nd1*, (*cf.* .cou), goître

bīɲ — *variante de* bēɲ
bīɲ ɲíí : cheveux; bīɲ ɲíí nón : sourcils

bīɲām tāà — *numéral*, (? .trois), sept

bīngì (bìngīì, bīngì) — *variante de* bēngì

bīī — *N*, (*de* bîì), chanson

bīí — *N*, digue naturelle (*v. aussi* 'dìngí)

bí_bōróng — *N*, (couvre!.grenier à mil), couvercle en jonc fermant les greniers à mil (*cf.* Realia)

bítì — *N*, variole

bílbìl — *N*, (*emprunt o.i.*), bière de mil

bí-rì (bī,bí) — 1. plaquer, accoler 2. couvrir, fermer (à l'aide d'un couvercle)

bírī kóg — *N*, (? .cuir), vieille peau de cabri inutilisable; morceau de peau de cabri servant à lisser l'intérieur des poteries fraîches
gìtì nò rè sī ˀōrō bírī kóg (PROVERBE) : /derrière|pauvre/*présent gnomique*|reste+*inacc.*|attend+*inacc.*/vieille peau de cabri//, les fesses du pauvre attendent la vieille peau de cabri (qu'on jette)

bíɲá — *N*, feuille de ronier (*v. aussi* kɔ̀tɔ̀ ˀíɲá)

bíngí — *N*, minerai de fer (?), charbon

bíí — *Nd2*, noir, de couleur sombre (*v. aussi* sím-í)

bîì bíí (bīī,bíí) — chanter

bèlè — *N*, danse
bèlè jìì, bèlè gú : danses d'initiation

bèlèng — *N*, insecte *sp.*

bèrē — *N*, quelqu'un, individu, personne

bèrē ré vōō : femme; bèrē ré táná : homme; bèrē ré 'dɔ̄vɔ̀ sè : marchand; bèrē ré lēlē : aîné, ancien; bèrē ré sè ndɔ̄ɔ̀g : fou; bèrē ré ʔór : soldat (*v. aussi* ʔásígàr)

bèrē ré bíí
N, (qqn.*dét*..noir), quelqu'un

bèré
contraction de bèrē ré

bèrà yāng
N, (? .case), fermeture proéminente du chaume des cases à toit conique (*cf.* Realia)

bèy
Nd1, fille (parenté)
bèy bìī nīī : fille de la soeur de la mère; bèy yávɔ̀ : fille du frère de la mère

bèē
Nd2, jeune, belle (en parlant d'une femme)

bēlē
N, souche d'arbre (*v. aussi* 'dūndū ʔém, gīrīm bēlē, gīrīm ʔém)
bēlē ndàà, bēlē yîì : piquet que l'on plante en terre en terre pour attacher un cheval, une chèvre

bēlē
comme cela, ainsi
bēlē ʔòō...yā : c'est ainsi que

bērì
(bèrīì,bērì)
tourner un liquide

bēɲ
N, chat sauvage

bēɲ
Nd1, poils (*v. aussi* dàng)
bēɲ nām : barbe, moustache

bēɲ mbɔ̀rɔ́ng
N, (poils.bâton à tourner la boule), plante sauvage *sp.* : *Bulbostylis sp.* (Cypéracées)

bēngì
(bèngīì,bēngì)
mélanger, brasser à la main (préparation de la bière de mil)

bēèy
(bèy,bēy)
1. renverser, bousculer; pousser, abattre 2. pencher, renverser à moitié

bēèng rēng
N, (? .étroit), barrière faite d'un rondin de bois escamotable maintenant fermé le séco d'entrée de la concession (*cf.* Realia)

bélè
variante morphologique de bēlē

bér
A?, déployé, déplié (*attesté seulement avec* dîìng)

béjēlé
N, rat de brousse *sp.*

béɲ
N, petit singe
béɲ bíí (- .noir), béɲ dúng-nú (- .rouge) : *N*, singes *sp.*

béé
N, écureuil *sp.*

bêɲ
(bēɲ,béɲ)
enlever, retirer (un vêtement; un outil de son manche, un piquet de son trou, une épine du doigt, etc.)

béèɲ kɔ̀ɔ̄l (bēɲ,béɲ) — râcler, épiler une peau, tanner

bḛ́ — *N*, balai (en tiges de tērēm)

bḛ́ — *variante de* bíɲá

bà — *N*, poisson *sp.* : *Tilapia galilaea* (*fr.loc.* "carpe")

bàtà — *N*, plante sauvage *sp.* : *Stylochiton lancifolius* KOTSCH. et PEYR. (Aracées)

[bạ̀tú] — *N*, (*de l'arabe?*), chat domestique (*v. aussi* máriàm)

[bạ̀dṵ́ŋ] — (*composé probable* : bà.dúng, / ? .rouge?/) *cf.* kɔ̄r bàdúng

bànā — *N*, rhinocéros

bànánà — *N*, (*du français*), bananier, banane (*v. aussi* pɔ̀ndɔ̀)

bàláng — chauve; se dit d'une cicatrice où les poils ne repoussent plus

bàrì — *N*, boue
bàrì dām : moût de bière (la farine mélangée à l'eau)

bàrà — *N*, planche de portage (petite planche de bois qu'on met sur la tête pour porter un fagot, une bûche)

bàrà ngìì — *Nd1*, (*cf.* .dent), gencives

bàrā ʔàà — *Nd1*, (? .concession), voisin de concession

[bạ̀sēɾ] — *N*, igname sauvage *sp.* (elle est consommée)

bànjá — *N*, graminée sauvage *sp.* : *Dactyloctenium aegyptiacum* WILLD. (Graminées)

bày — *N*, 1. échassier *sp.* à long cou 2. manche de vàrā bày

bàyà — *N*, petit oiseau *sp.* rouge à taches noires et jaunes vivant dans les karités

bàyà vōō — *N*, (*cf.* .femelle), femme qui dirige l'initiation des filles

[bạ̀yóɣó] — *N*, (*composé probable* : bà.yógó), plante sauvage *sp.* à tubercules
cul. On incorpore de la farine de tubercule à la bière de mil jálá pour la rendre excitante.

[bạ̀kíndōɾíō] — *N*, plante sauvage *sp.* à tubercules (les tubercules sont consommés bouillis ou grillés)

bàà — *N*, lieu-dit : bois séparant Bouna du Mandoul

[bà·bò] — *A*, (*emprunt?*), beaucoup (*v. aussi* ngáɲ)

bàā — *variante de* bèē

bàā bárà — *N*, (*cf.* .Bara), étoile *sp.* (*cf.* yāā ré dūū)

bàāv tēndī	*N*, (? .sangsue), écureuil *sp*.
bàā dày	*N*, (*cf*. .day), étoile *sp*. (*cf*. yāā ré dūū)
bàā nīī	*Nd1*, (*cf*. .mère), soeur (utérine ou germaine); fille de l'oncle (ou de la tante) patrilatéral ou matrilatéral
bāv	*N*, vautour *sp*.
bāv bùūrmùnjù	*N*, (*cf*. . ?), grand vautour *sp*.
[bạ̄dūmɔ̄]	*N*, (*composé probable* : bā.dūmɔ̄), porc-épic
bā-rì (bà,bā)	1. *variante de* pā-rì "(se)gratter" 2. raser (les cheveux, la barbe) bā-rì bə̄ŋ nām : se raser
bā-rì (bà,bā)	enlever, mettre (?)
bārā	*N*, petit rongeur *sp*.
bārā	*Nd2*, 1. nu 2. stérile (en parlant d'une femme)
bārá	*N*, Sara
bārá	*N*, mensonge (*v. aussi* ngāmnā)
bārmbàtá	*N*, chenille *sp*.
bāsàrā	*N*, gonflement, enflure, abcès
bānjā	*N*, lèpre
bāngàv	*N*, patate douce cultivée *sp*.
bāā	*N*, rivière, cours d'eau
bāà (bàà,bāā)	casser, briser, écraser há bāā kátà : /elle/casse+*acc*./marmite/, elle a cassé la marmite
bāà (bàà,bāā)	1. ramper vāā bàà : //enfant/rampe+*inacc*.//, l'enfant rampe (à quatre pattes) 2. guetter
bátí	*fonctionnel*, jusqu'à (*v. aussi* 'bákáká, mâârvâāy, rútútú, gìrí)
bátí bátí	*A*, (*cf*. . *cf*.), beaucoup, longtemps (*fr. loc*. "jusqu'à jusqu'à")
bánì (bānā,bánā)	retourner, revenir; re- (*itératif*) bánì nī : rendre; bánì nī nām : diminuer, réduire; bánì kērì : refaire
báná mbêēr	*N*, (? .*Burkea africana*), fruit de mbêēr

bálá — *N*, poisson *sp.* : *Alestes nurse*

bárà — *N*, alignement
nī bárà : en ligne

bármbátā — *N*, petit monticule de terre sèche

bájàl — *N*, (*de l'arabe*), blennorragie

bájɔ̀g — *N*, (*de l'arabe*), couverture

bágrá — *N*, 1. arbre mort sans feuilles ni écorce; bûche 2. établi du forgeron (*cf.* Realia)

bángàrà — *variante de* bángrà

bángá — *N*, mur de case (en paille ou en dur)

bángrà — *N*, boucles d'oreille

bɔ̀rɔ́ng yı̂ì — *N*, (? .chèvre), bouc

bɔ̀g — *N*, trou, creux, poquet
bɔ̀g nɔ́n : orbite de l'oeil; bɔ̀g rɔ̄g : salières; bɔ̀g sɔ́g : trou de l'oreille; bɔ̀g ɲíí nām : gouttière nasale

bɔ̀gɔ̀ — *N*, insecte prédateur de l'igname

bɔ̀gɔ̀ ngı̀ì — *Nd1*, (? .dent), molaire

bɔ̀gɔ́ — *Nd?*, petit morceau compact de qqch.
bɔ̀gɔ́ rūū : motte de terre; bɔ̀gɔ́ gàà : grumeaux de farine dans la bouillie; bɔ̀gɔ́ ngīmí : testicules

bɔ̀gɔ́ gàà — *N*, (grumeaux.bouillie), graminée sauvage *sp.* : *Microprotus sp.*

bɔ̄n-ɔ̄ — *Nd2*, (*de* bɔ̄ɔ̀n "être animé..."), 1. animé, vivant 2. tacheté; rayé

bɔ̄n-ɔ̄ — *Nd2*, (*de* bɔ̄ɔ̀n "être épais"), épais

bɔ̄r — *N*, 1. arbre *sp.* : *Grewia mollis* JUSS. (Tiliacées) (le fruit est consommé cru)
cul. L'écorce est à la base de la sauce yɔ̀g bɔ̄r.
2. gluant

bɔ̄gɔ̄ — *Nd2*, abandonné, désaffecté, dont on ne se sert plus
bèré nɔ́n bɔ̄gɔ̄ : aveugle

bɔ̄gɔ̄ kálà — *N*, (*cf.* .calebasse *sp.*), vieille calebasse dont on ne se sert plus que pour les ordures

bɔ̄ɔ̀n (bɔ̀n,bɔ̄n) — 1. être animé, vivant 2. être tacheté; être rayé

bɔ̄ɔ̀n (bɔ̀n,bɔ̄n) — être épais

bɔ́r — *Nd2*, jeune, beau (en parlant d'un homme)

bɔ́r gún — (*cf.* .ensemble), 1. *Nd1*, ami, camarade 2. *N?*, amitié (*v. aussi* vāā gún)

bɔ́ndɔ̀ — *Nd1*, pubis, bas-ventre (*v. aussi* dàdâà)

bɔ́gɔ̀ — *N*, mille-pattes *sp.*

bɔ́gɔ̀ — *N*, poisson *sp.* : *Heterotis niloticus*

bɔ́gɔ́ — *A*, l'an prochain

bɔ́gɔ́ vɔ̀rɔ̀ — *A*, (*cf.* .hier), l'année dernière

bɔ́ng — *Nd2*, acidité

bòtò — *N*, sève laiteuse du baobab, du *Ficus*, de dìīmtòvò, etc.

bònò — *N*, poisson-caïman : *Polypterus bichir*

bòlò — *N*, trou
bòlò mbìtì : vagin

[bòkòkò] — large, ample; écartées (en parlant des oreilles)

[bògɾòkə̣̀m] — *N*, (*composé probable* : bògrò.kàm), maladie *sp.* se manifestant par des éruptions cycliques de boutons

bòō — *subjonction?*, si (*conditionnel*)
bòō mə̄ɲ rè sē ná rèɲ rì : ⫽si/pluie/*futur*|pleut+*inacc.*# alors/je+*futur*|rentre+*inacc.*/, s'il pleut, je rentrerai

bōróng — *N*, grenier à mil (*cf.* Realia)

bōrbōsō — *N*, graminée sauvage *sp.*

bōg — *N*, fer

bōgrō — *Nd1*, cuisse, partie supérieure de la jambe

bṑor (bòr,bōr) — 1. sortir
há bōr vâạyá rē : ⫽il/sort+*acc.*/aujourd'hui/*négation*/, il n'est pas sorti de chez lui aujourd'hui
2. germer, croître, pousser
bīɲ nām-ɔ́ bòr : ⫽poils|bouche-sa/pousse+*inacc.*⫽, sa barbe pousse; bṑor ɲíí : mettre l'épi (mil, maïs, etc.) (*v. aussi* sɔ́-rì ɲíí); kōró bòr ɲíí-nì : ⫽*Sorghum sp.*/ pousse+*inacc.*/tête-sa⫽, le mil kōró met l'épi

bṑor mīɲ (bòr,bōr) — passer, traverser une rivière, un marigot

bón — *N*, arbre *sp.* : *Combretum glutinosum* PERR. (Combrétacées) (?) (le fruit - ngòórkúmɔ̀ - est consommé cru)
méd. L'infusion d'écorce de racines est réputée soigner l'hépatite.

bór sōng ré ngōóng — *numéral*, (manque!.doigt.*dét.*.un), neuf

bóòn (bōn,bón) — rater, manquer (qqn, qqch.), échouer

boôr (bōr, bór)	manquer, rester (être en moins/en plus)
bò̰	*Nd1*, jambe, pied (*v. aussi* kāsā)
bò̰ nɔ́n	*Nd1*, (*cf.* .oeil), pommettes (*v. aussi* gìtì nɔ́n)
bò̰ rɔ̀mɔ́	*N*, (*cf.* .soir), fin de l'après-midi entre 17 et 20 heures
bō̰	*N/Nd1*, os; noyau bō̰ bò̰, bō̰ nɔ́n bò̰, bō̰ nɔ́n kāsā : tibia, os de la jambe; bō̰ bò̰ nɔ́n, bō̰ gìtì nɔ́n : pommettes; bō̰ mbòmbórò : mâchoire; bō̰ jí : arête de poisson; bō̰ ɲíí nɔ́n : arcade sourcilière; bō̰ gìtì nām : menton; bō̰ gángnà : côte
bō̰	*Nd1*, père
bō̰ pàà	*Nd1*, (père.époux), père, mère du conjoint; époux de la fille, épouse du fils
bō̰ bìì	*N*, (père.brousse), chasseur (*v. aussi* bō̰ mbùrō; bō̰ gōō, bō̰ ʔór)
bō̰ bīlā	*N*, (père.groupe d'arbres où se tient l'initiation des garçons), chef de l'initiation (des garçons)
bō̰ mbààgē	*N*, (père.procédé géomancique du devin), devin
bō̰ mbùrō	*N*, (père.chasse), chasseur (*v. aussi* bō̰ bìì, bō̰ gōō, bō̰ ʔór)
bō̰ mɔ̄ɔ̀n sè	*N*, (père.façonner.chose), potière
bō̰ vɔ̀g	*N*, (père.culture), cultivateur
bō̰ dūū	*N*, (père.lune), chef de lune
bō̰ lāá	*Nd1*, (père. *cf.*), aïeul mâle bō̰ lāá bō̰: père du père; bāàɲ lāá bàá (ou : bāà lāá bàá) : /père+mon. - | père+mon/, père de mon père; bō̰ lāá nīī : père de la mère; bāàɲ lāá nàá (ou : bāà lāá nàá) : /père+mon. - | mère+ma/, père de ma mère; bāàɲ lāá gē : /père+mon. - | *pl.*/, mes grands-parents
bō̰ sīī	*N*, (père.mort), défunt, mort
bō̰ séɲ màrtīvī	*N*, (père.travail.papier), fonctionnaire
bō̰ jí	*N*, (père.poisson), pêcheur (*v. aussi* bō̰ ʔólò)
bō̰ jūū	*N*, (père.forge), forgeron
bō̰ ʔàà	(père?.concession?), soi-même ʔàmà bō̰ ʔàà : moi-même
bō̰ ʔólò	*N*, (père.Mandoul), pêcheur (*v. aussi* bō̰ jí)
bō̰ ʔór	*N*, (père.fusil), chasseur au fusil

bo̱ kɔ̀tɔ̄	*N*, (père.habileté), artisan, le bon artisan
bo̱ kɔ̄vɔ̀	*N*, (père.remède), guérisseur (*v. aussi* bo̱ gú-rì)
bo̱ kùmɔ̄	*N*, (père.magie), féticheur, sorcier
bo̱ gɔ̄lɔ̄	*N*, (père.lion), homme-lion
bo̱ gɔ̄ɔ̄	*N*, (père.chasse), chasseur (*v. aussi* bo̱ bìì, bo̱ mbùrɔ̄, bo̱ ʔór)
bo̱ gú	*Nd1*, (père.tromperie), celui qui trompe, qui pousse à mal agir, le mauvais conseiller bo̱ gú-rṹng yì yı̂ī sīī-rı̂ng (PROVERBE) : //mauvais conseiller-ton/mange+*inacc.*/cabri| mort-ta//, le mauvais conseiller mange le cabri (la sauce au cabri) de ta mort (on offre aux gens qui veillent un mort de la boule et de la sauce au cabri)
bo̱ gú	*N/Nd1*, (père.initiation des garçons), parrain d'un jeune initié
bo̱ gú-rì	*N*, (père.guérir), guérisseur (*v. aussi* bo̱ kɔ̄vɔ̀)
bo̱ ngīmí	*N*, (père.testicules), celui qui est atteint d'éléphantiasis des testicules
bo̱ò̱ (bò̱,bo̱)	1. faire tremper dans l'eau (le manioc notamment) 2. s'enfoncer dans l'eau, couler (en parlant d'une pirogue)
bo̱ò̱ (bǒ̱,bo̱)	ronfler
bo̱ô̱	(*du français*), bon!, cela dit! (*v. aussi* kàlásì)
bùtù	*N*, grenouille *sp.*
bùtùtù	à ras-bord
bùtū	*N*, déchet, résidu inutilisable bùtū lòò : la mauvaise herbe
bùtúlù	*N*, patate douce cultivée *sp.*
bùng	*cf.* pùtú bùng
bùù	*N/Nd1*, 1. ombre 2. endroit où un chef donne audience (à l'ombre, devant sa concession) (*v. aussi* mbàngá)
bùù nām ɲíí	*N*, (ombre.début.jour), aube entre 5 et 6 heures
bùù yór tɔ̄ɔ̄-rɔ̄	*N*, (ombre.soleil.blanc), matin entre 7 et 8 heures
bùù kōjóng	*N*, (ombre.aube), fin de la nuit, entre 3 et 4 heures
bùūl vòò	*N*, (coton.kapokier), fibre cotonneuse du fruit du kapokier
bùūl mɔ́ngɔ̀	*N*, (coton.tabac), plante sauvage *sp.* parasite (?) du tabac indigène

bùūrmùnjù (*composé probable* : bùūr.mùnjù), *cf.* bàv bùūrmùnjù

bùūgrù *N*, récipient en bois de mêmes forme et usage que ngûù (*v. aussi* ngûù ˀém)

bùúl *N*, coton

būndú *N*, ruche (un tronc de bìkīm évidé) (*cf.* Realia)

būnɔ́ soi-même, en personne
ngāārà būnɔ́ : le chef en personne

būù *N*, poule, poulet

būù bēɲ *N*, (poule.chat sauvage), francolin

búr *Nd1*, ventre
búr bǫ̀ : mollet; búr mè : corps d'une jarre; búr mūùn : avoir mal au ventre; être triste; búr sɔ̄ng : biceps; búr jɔ̄ɔ̀ : vouloir; búr ˀîì : avoir le ventre plein, avoir des borborygmes; búr ˀém : fût d'un arbre

búr bíí *N*, (*cf.* .noir), méchanceté

búr būù *N*, (*cf.* .poule), plante sauvage *sp.*

búr tɔ̄ɔ̄-rɔ̄ *N*, (*cf.* .blanc), gentillesse, bonté

búgbùgbúgbùg *A*, (*composé probable*), *intensif* (*attesté seulement avec* tììr)

búútù (būūtū, búútū) éteindre (un feu), s'éteindre

bûù (būū, búú) saisir, attraper, capturer, prendre
hìɲ būū kólɔ̄ nī dà : //je/prends+*acc.*/oiseau/avec|piège//, j'ai pris un oiseau au piège; bûù 'bɔ̄ngɔ̄, bûù dàr : se fâcher, se mettre en colère ('bɔ̄ngɔ̄/dàr kērì, kērì 'bɔ̄ngɔ̄/dàr); bûù bɔ́r gún (nī), bûù vāā gún (nī) : lier amitié avec; bûù ˀór : allumer un feu, faire un petit feu; bûù gìtì : commencer

bûù (būū, búú) planter; transplanter, repiquer

bûù bíí (būū, búú) sécher (en parlant d'une plaie)
rāng būū bíí : //plaie/sèche+*inacc.*//, la plaie sèche

bûùr (būr, búr) arracher, déterrer (une plante), ramasser (des champignons, etc.)
bûùr ˀàà : abandonner le village (son emplacement)

bûùr (būr, búr) être presque sec

mb

mbìtì	*Nd1*, sexe de la femme
mbìtì lìvjì	*N*, (*cf.* .charnu), arbre *sp.* *méd.* L'infusion de racines passe pour soigner la blennorragie.
mbìlì	*Nd1*, joue (*v. aussi* kìlì)
mbìlì tòró	*Nd?*, (*cf.* .pipe), fossettes (*v. aussi* tòró nām)
mbìlí	*N*, sauterelle *sp.*
mbītī	*cf.* yɔ̀g mbītī
mbīɲā	*N*, piège-trappe à gros gibier : buffles, grandes antilopes, etc. (fosse recouverte de branchages) (*cf.* Realia)
mbīɲā	*N*, étoile *sp.*
mbīī	*N*, riz sauvage *sp.*
mbítí	*N*, sauce *sp.* à base de viande (ou de poisson) et de gèè
[mbítíhóló]	*N*, (*composé probable* : mbítí.hóló), chien sauvage (?)
mbísà (mbīsà,mbísà)	déranger, importuner, ennuyer
mbíɲà (mbīɲà,mbíɲà)	1. piler légèrement (sésame, gombo, etc.) 2. presser l'arachide, le gombo, etc. (préalablement pilé) pour en exprimer l'huile 3. mbíɲà dāā : presser, malaxer un morceau de boule dans le creux de la main
[mbíkī]	(*emprunt o.i.*), sourd
mbíìlí	*N*, mauvaises graines (mil, pois de terre, arachides, etc.) que l'on consomme mais qui sont impropres à l'ensemencement (mbíìlí kōró, mbíìlí sōō, etc.)

mbèrē — *N*, hache (*cf.* Realia)

mbèrē pásì — *N*, (*cf.* . ?), hache européenne

mbētēlē — *N*, plante cultivée *sp.* à tubercules (igname *sp.*?)

mbéng — *A*, côte-à-côte, très près

mbéng réng — *Nd2*, (*cf.* .étroit), très étroit

mbêer — *N*, arbre *sp.* : *Burkea africana* HOOK. (Césalpiniacées) / *Amblygonocarpus Schweinfurthii* HARMS (Mimosacées)
cul. La graine du fruit (báná mbêer) est utilisée comme condiment dans la sauce au poisson séché.

mbàtì kôo — *N*, (? .écorce), maïs *sp.* : *Zea mays* L. var. *indurata* STURTEV. (Graminées)
mbàtì kôo mānjā : *N*, (- .Manja), maïs *sp.* : *Zea mays* L.
cul. Les grains sont consommés crus, grillés, sous forme de boule (dāā mbàtì kôo) ou de bière (dām mbàtì kôo).

mbàtì bòlò — *N*, (? .trou), mil *sp.*

mbànā — *N*, piège à assommoir (à rat) (*cf.* Realia)

mbàlà — *N*, grosse igname *sp.*
mbàlà dàā sōng yāá : *N*, (- .plat.main.enfants), igname *sp.*
cul. Elles sont consommées cuites à l'eau, grillées ou frites à l'huile.

mbàlà ʔém — *N*, (*cf.* .arbre), manioc
mbàlà ʔém (ré) tōō-rō : *N*, (- .[*dét.*].blanc), manioc doux *sp.*
mbàlà ʔém (ré) ʔɔ̄r-ɔ̄ : *N*, (- .[*dét.*].doux), manioc doux *sp.*
cul. Ils sont consommés crus, cuits à l'eau, grillés ou en boule.
mbàlà ʔém (ré) yóg : *N*, (- .[*dét.*].amer), manioc amer *sp.*
cul. On en fait de la boule et de l'alcool (ʔárgà).

mbàrà — *N*, 1. escargot *sp.* à coquille en pointe 2. jeu de hasard *sp.*
ethn. C'est un jeu à plusieurs participants. Chaque joueur dépose dans un cornet (kírì) un petit morceau (mbàrà) de coquille d'escargot mbàrà dont une des faces a été enduite de cire d'abeille bìɲà. L'un des joueurs prend kírì, le secoue et le retourne (yōò kírì). Ceux dont la face cirée de mbàrà est contre terre l'emportent (sú-rì mbàrà) et se partagent alors l'enjeu qui est généralement important : argent, poulets, cabris, etc.

mbàglà — *N*, bout de bois qu'on enfonce sur les pointes du harpon (kɔ̀nɔ̄) et sur lequel on frappe pour bien emmancher le fer au manche (*cf.* Realia) mbàglá — *N*, sacoche en peau de cabri

mbàngí — *N*, aulacode

mbàngá — *N*, endroit où un chef donne audience (à l'ombre, devant sa concession) (*v. aussi* bùù); tribunal

mbàà — *N*, glossine, taon

mbààlā — *N*, 1. caillou 2. tertre, colline

mbààlā — *N*, conjonctivite
mbààlā kērì : souffrir de conjonctivite

mbààrà — *N*, crocodile

[mbà·gē] — *N*, (*composé probable* : mbàà.gē, / ? .*pl.*/), procédé géomancique du devin

mbātì nām (mbàtīì,mbātì) — couvrir un récipient, boucher un trou, fermer une porte, un vêtement, etc.

mbārá — *cf.* lúlú mbārá

mbāā — *N*, voyage; voyageur, étranger

mbāà (mbàà,mbāā) — enfoncer, planter qqch. (un piquet, un clou) en frappant dessus

mbámbààl — *N*, arbre *sp.* : *Erythrina sigmoidea* HUA (Papilionacées)

mbátíɲà (mbātīɲà,mbátíɲà) — écraser qqch. de mou, de peu résistant (fruit mûr, champignon, petit animal, etc.)

mbárí — *A*, jadis; naguère

mbásā — *N*, arbre sacré; autel sacrificiel (un rameau de l'arbre sacré) du chef de terre
ethn. Le chef de terre met le rameau de mbásā à l'intérieur de son enclos sacré. Lors des semailles ou des prémices du mil, quand il y a une épidémie ou qu'un danger menace la communauté villageoise, il y dépose des sacrifices (boule de mil, sauce au poisson frais et quelques grains d'éleusine) afin que les esprits de ses ancêtres et de mbásā apportent la pluie, favorisent la récolte, écartent le danger.

mbáyà (mbāyà,mbáyà) — mentir (*v. aussi* jààn, ngámnà)

mbáyā — *N*, Mbay

mbágjá — *A*, complètement, entièrement, sans reste, sans vestige
mbòtò ˀám yāá gē mbágjá : //maladie/tue+*acc.*/enfants|*pl.*// tout/, la maladie a tué tous les enfants

mbâa — *N*, éleusine : *Eleusine coracana* GAERTNER var. *stricta* ROXBURGH (Graminées)

mbɔ̀r — *N*, fruit du karité
techn. On fabrique de l'huile à partir des amandes. Les noyaux sont séchés au soleil puis décortiqués. Les amandes sont à leur tour séchées, puis grillées avec du sable et pilées au mortier. La pâte obtenue est jetée dans un décocté bouillant de feuilles de karité. On recueille l'huile à la surface de la solution.

mbɔ̀rɔ̄ — *N*, panier *sp.* où l'on conserve les grains de mil (de même forme que dúúrù; tressage serré)

mbɔ̀rɔ́ng — *N*, bâton à tourner la boule

mbɔ̀r mángá — *N*, (? .brousse sèche), pangolin (?)

mbɔ̀g — *A*, souvent; toujours
mbɔ̀g ré mbɔ̀g : toujours, de toute éternité

mbɔ̄lɔ̄ — *N*, arbre *sp.* : *Stereospermum kunthianum* THAM. (Bignoniacées) (?)
méd. Mâcher l'écorce crue passe pour soigner l'hernie étranglée, les piqûres de scorpion et les morsures de serpent.

mbɔ̄sɔ̄ — couleur (?) de la robe d'un cheval

mbɔ̄sɔ̄ — *N*, herbe *sp.* que l'on donne aux chevaux

mbɔ̄sɔ̄ — *Nd2*, sourd

mbɔ̄gɔ̄ ɲíí — *Nd1*, (? .tête), cerveau, cervelle (*v. aussi* 'bòló ɲíí)

mbɔ̄grì (mbɔ̀grɔ̄, mbɔ̄grɔ̄) — arranger, profiter, convenir à (qqn)

mbɔ̄grì (mbɔ̀grɔ̄, mbɔ̄grɔ̄) — ranger, arranger, ordonner

mbɔ́tɔ̀ — *Nd1*, espace compris entre le condyle et la mâchoire inférieure (*v. aussi* kɔ́tɔ̀)

mbɔ́l mbīŋɲā — *N*, (? .étoile *sp.*), 1. étoile 2. luciole

mbɔ́l mbīŋɲā gīràng — *N*, (*cf.* . ?), étoile filante

mbɔ́grì (mbɔ̄grɔ̄, mbɔ́grɔ̄) — retourner, revenir, rentrer
há mbɔ́grɔ̄ rè bínà vɔ̀rɔ̀ : //il/revient+*acc.*/*fonctionnel*| Bouna/hier//, il est revenu *à* Bouna hier; há mbɔ́grɔ̄ bínà vɔ̀rɔ̀ : //il/revient+*acc.*/Bouna/hier//, il est revenu *de* Bouna hier; mbɔ́grì nī : rendre

mbòmbórò — *Nd1*, mâchoire

mbòtò — *N*, maladie
ndàà rē mbòtò//cheval/*copule*|maladie//, mbòtò kèrē ndàà //maladie/fait+*inacc.*/cheval// : le cheval est malade

mbòō — *N*, gibecière à poisson (en jonc) (*cf.* Realia)

mbórò — *N*, fourrage (feuilles d'arachide, d'haricot, de pois de terre, graminées sauvages, etc.) qu'on donne aux chevaux

mbógò — *N*, bouclier (en jonc)

[mbòɪ] — *Nd2*, pointu (en parlant de qqch. de grand et gros)

[mbóɪ] — *Nd2*, pointu (en parlant de qqch. de petit et fin)

mbùl — *N*, mil *sp.* : *Sorghum guineense* STAPF var. *involutum* STAPF forma *3* SNOWDEN (Graminées)

mbùlūng ʔém — *N*, (? .arbre), tronc d'arbre, branche, bâton

mbùrɔ̄ — *N*, chasse (*v. aussi* gɔ̄ɔ̄)

mbùgú — *N*, bière de mil légère, de couleur beige, très appréciée (*v. aussi* mīɲ ɲíí dām)

mbùglú — *N*, plante sauvage *sp.* à tubercules amers rappelant le manioc.
cul. On fait bouillir le tubercule, puis on le laisse tremper dans l'eau pendant 24 heures pour qu'il perde son amertume. On le mange accompagné de farine de sésame, d'huile et de sel.

mbūtù (mbùtūù, mbūtù) — 1. s'élancer, bondir 2. galoper (en parlant d'un cheval)

mbūtū — silence, calme

mbūglū — *N*, chauve-souris *sp.*

mbūūrú — *N*, bêtise, sottise
mbūūrú kèrē yāá gē : //bêtise/fait+*inacc.*/enfants|*pl.*//, les enfants font des bêtises

mbūú — *N*, termitière-cathédrale des termites dà gàjà

mbúr — *Nd1*, nez

mbúr jūū — *N*, (*cf.* .forge), fourneau de la forge (*cf.* Realia)

[mbúɣtíkílī] — *N*, (*composé probable*), oiseau carnivore *sp.*

mbúgjú — *Nd2*, de très petite taille, nain (*v. aussi* gīrīm mbúgjú, gīrīm gúrgúr, gúrgúr)

mbúng — *N*, farine; poudre

mbúng ʔém — *N*, (*cf.* .arbre/bois), rhumatismes
mbúng ʔém kèrēé bàabò : //rhumatismes/font+*inacc.*+lui/beaucoup//, ses rhumatismes lui font très mal

m

mīní
: *interrogatif*, qui?
mīní yé : //qui/vient+*acc.*//, qui est venu?; yēē rɔ́ɔ̄ rē ʔò mīní : //chien|ce/*copule*|le|qui//, à qui est ce chien?

mīní mīní
: (qui.qui), chacun
mīní mīní ná rì ʔàà ʔēèy : //chacun||*cf.*/rentre+*inacc.*/concession|sa//, chacun rentre chez soi

mīɲ
: *N*, eau

mīɲ tḛ̄
: *Nd1*, (*cf.* .pénis), sperme

mīɲ tōō-rɔ̄
: *N*, (*cf.* .blanc), pus

mīɲ ɲíí dām
: *N*, (*cf.* .dessus.bière), bière de mil légère, de couleur beige, très appréciée (un des deux types de bière avec 'bɔ̄gɔ̀ dām qu'on tire du mil) (*v. aussi* mbùgú)

míndím
: *N*, abeille *sp.* (elle est réputée ne pas piquer)

mínì (mīnī, mínī)
: finir, terminer

míɲà
: 1. humeur, liquide organique
míɲà nɔ́n : larmes; míɲà jɔ̄ : venin; míɲà ʔém : sève
2. soupe
míɲà nīng, míɲà jí : soupe à la viande, au poisson

mè
: *N*, grande jarre d'argile cuite (on y conserve l'eau, la bière, le mil, la farine, etc.) (*cf.* Realia)

mà
: *personnel sujet 2° pers. sing.* (*variante de* hà?)

màndà
: animal femelle qui n'a pas encore mis bas ou qui ne l'a fait qu'une ou deux fois (màndà būù, màndà yíì, etc.)

màndà
: *N*, cynocéphale

màrtīvī
: *N*, (*de l'arabe*), papier

[mạɽkêv]
: *N*, (*de l'arabe*), chaussure (*v. aussi* sānjà, sāā)

mànga̩ — *N*, insecte *sp.*

[mȁŋgún] — *Nd1*, derrière, fesses

[mʷȁɲmʷȁɲ] — *N*, (*emprunt?*), étrier

màāng — *N*, bovidé

mā̰ɲ — *N*, pluie
mā̰ɲ kɔ̄sɔ̄ : grêle

mā̰ɲ bìnā nām kāsārā — *N*, (*cf.* .son du mil.dessus.séchoir), première pluie de la saison

māā — *contraction de* mɔ̄ rē (*copule*)

māà — *contraction de* mɔ̄ ré (*modalité verbale*)

mánì (mānā,mánā) — 1. tordre (par torsion) 2. s'enrouler (en parlant d'une plante)

má-rì (mā,má) — laisser
má-rì kánì : laisser, abandonner

[ma̰ɾɪ ȁm] — *N*, (*emprunt o.i.*), chat domestique (*v. aussi* bàtú)

mángá — *N*, brousse sèche (par opposition au Marigot et à ses abords)

má̰à̰ — *contraction de* mɔ́ rè (*modalité verbale*)

má̰àrvá̰à̰y — (*de l'arabe*) 1. *fonctionnel*, jusqu'à 2. *subjonction*, jusqu'à ce que 3. *A*, toujours

máā — *contraction de* mɔ́ rē (*copule*)

mɔ̀mɔ̀mɔ̀ — (*composé probable* : mɔ̀.mɔ̀.mɔ̀), *intensif* (*attesté seulement avec* pàā̰y)

mɔ̀n — *cf.* sārì mɔ̀n

mɔ̄ — 1. *personnel sujet et objet 2° pers. plur.* 2. *variante morphologique de* ʔùmɔ̄ (*le déterminé est un Nd*)

mɔ̄mɔ̄ — *N*, (*composé probable* : mɔ̄.mɔ̄; *de* mɔ̄-rì?), paquet

mɔ̄n — *N*, rosée

mɔ̄-rì (mɔ̀,mɔ̄) — attacher

mɔ̄-rì mā̰ɲ — *N*, (*cf.* .pluie), arc-en-ciel

mɔ̄sɔ̄ — *variante de* mbɔ̄sɔ̄ (1)

mɔ̄ngɔ̄ (mɔ̀ng,mɔ̄ng) — rire
mɔ̄ngɔ̄ njḛ̀ : sourire

mɔ̄ɔ̀n (mɔ̀n,mɔ̄n) — façonner l'argile

mɔ̄ɔ̀n mbòtò (mɔ̀n,mɔ̄n) — (? .maladie), boîter

mɔ́	1. *personnel sujet et objet 3° pers. plur.* 2. *variante morphologique de* ʔùmɔ́ (*le déterminé est un Nd*)
mɔ́ngɔ̀	*N*, tabac indigène; tabac
mɔ́ɔ̀n (mɔ̄n,mɔ́n)	avaler
mò	*numéral*, dix mò dīí : vingt; mò tāà : trente; mò nī ʔə̰ ré ngōóng : /dix.avec.dos.*dét.*.un/, onze
mō	1. *Nd1*, seins (homme et femme), mamelles 2. *N*, lait
mō yíì	*N*, (lait.chèvre), plante sauvage *sp.* que l'on donne aux chèvres
[mō̰·kílà̰ŋ]	*N*, (*composé probable* : mō.kílàng, / *cf.* . ? /), arbre *sp.* : *Cassia sieberiana* D.C. (Césalpiniacées) *méd.* La décoction de racines de mōkílàng, de gāgrā et de ngūtā est réputée soigner l'hernie étranglée.
mōò (mò,mō)	jurer
mōò rāng (mò,mō)	(? .blessure), blesser vāā mō rāng nīng (ou vāā mō nīng rāng) : /enfant/ - + *acc.*.blessure/animal/, l'enfant a blessé l'animal
mōó	*cf.* jīnī mōó
móò gìtì (mōò,móò)	(? .début), commencer
mùmū	cal (de la main, du pied), calleux
mùndō	*N*, cigale (?)
mùndō	*N*, maladie des yeux
mùɲ̄ù	*N*, hyène (?)
mūùn (mùn,mūn)	puiser de l'eau à l'aide d'un récipient (dans une jarre, dans le puits)
mūùn (mùn,mūn)	faire mal, faire souffrir ɲíí-nà mìn-à : /tête-ma/fait souffrir+*inacc.*-moi/, j'ai mal à la tête; nɔ́n-ɔ́ mùn-ɔ́ : /oeil-son/fait souffrir+*inacc.*-lui/, il a mal aux yeux
mūùn (mùn,mūn)	être avare, égoïste
[mṵ́ŋgò]	*N*, (*du français?*), manguier, mangue
múùn (mūn,mún)	enterrer (qqn, qqch.) há mún mè rè sàng ʔàà ʔùú : /elle/enterre+*acc.*/jarre/*fonctionnel*|intérieur|concession|sa/, elle a enterré la jarre dans sa concession

múùng (mūng, múng)	sucer, manger (de la farine, le second son du mil, le fruit de pōgō)

V

vìlèng — *cf.* ngìì vìlèng

vítívítí — *A*, (*composé probable* : vítí.vítí), 1. entremêlé, entrelacé, tortueux, sinueux 2. à l'esprit tortueux, compliqué, incompréhensible

vírì (vīrì, vírì) — faire tournoyer en l'air, faire vrombir (en parlant du rhombe)

vērē — *verbal?*, (*composé possible* : vē.rē, / ? .*négation*/), il n'y a pas
ndéé vērē : /gens/ - /, il n'y a personne; nīng vērē sàng yɔ̀g : /viande/ - /intérieur|sauce/, il n'y a pas de viande dans la sauce

véré — *N*, insecte *sp.*

vêey — *Nd1*, épouse (*v. aussi* vōō)

vêey (vèēy, véy) — tomber
vêey nī : faire tomber, terrasser (qqn)
vāā véy sàng ʔém : /enfant/tombe+*acc.*/intérieur|arbre/, l'enfant est tombé de l'arbre; ʔém véy rè ɲíí yāng : /arbre/tombe+*acc.*/*fonctionnel*|dessus|case/, l'arbre est tombé sur la case

vànàm — *N*, arbre *sp.*
méd. Se laver avec une décoction de feuilles passe pour soigner les rhumatismes.

vàrà — *N*, petit rapace *sp.* (tacheté de noir, de brun et de blanc; de la taille d'un pigeon)

vàrà kòōyò — *N*, (*cf.* . ?), rapace *sp.* (plus gros que vàrà)

vàrā — *N*, houe; fer de houe

vàrā bày — *N*, (*cf.* .échassier *sp.*), bêche à long manche recourbé (*cf.* Realia)

vàrā bōg — *N*, (*cf.* .fer), charrue importée

vàrā ʔém — *N*, (*cf.* .manche), bêche à long manche servant à creuser les poquets dans lesquels sont déposées les semences de mil, de coton, etc. (*cf.* Realia)

vàrā kìlì — *N*, (*cf.* . ?), petite bêche à manche recourbé (*cf.* Realia)

vàà — *contraction de* vɔ̀ rè (*modalité verbale*)

vàā — *contraction de* vɔ̀ rē (*copule*)

vàál — *N*, herminette

vàálà — *N*, héron *sp.*

vàálà kɔ̄r pōgō — *N*, (*cf.* .repousse.*Detarium microcarpum*), héron *sp.*

vā — *A, injonctif négatif*
tān kīvī ʔōong vā : //déchire!/habit|ton/*injonctif négatif*//, ne déchire pas ton habit!

vā-rì (và,vā) — lancer (caillou, couteau de jet, etc.), jeter (*v. aussi* ʔîm)
vā-rì tèè : bondir, s'élancer; vā-rì kʷìīy (nām ʔém) : pêcher à la ligne; vā-rì kánì : jeter, abandonner

vā-rì (và, vā) — aménager (?)
vā-rì vɔ̀g : cultiver la terre; vā-rì ndògō : construire l'enclos domestique; vā-rì ʔàà : construire la concession

vāā — *N*, 1. être humain
vāā ré bèē : jeune fille (célibataire); vāā ré bɔ́r : jeune homme (célibataire); vāā ré vōō : femme; vāā ré táná : homme
2. enfant
vāā ré dānā : cadet; vāā ré dúng : nouveau-né, bébé; vāā ré nām mō, vāā nām mō : benjamin; vāā yɔ̄ɔ̀r : avorton, foetus; vāā ré ngīnī : enfant mal fait, mal conformé, avorton (*v. aussi* ngīnī vāā); vāā ré ngóró : enfant (de 6 mois à 15 ans)
3. fils; fils du frère; fils de la soeur (*ego* est une femme; sinon *cf.* yávɔ̀)
Nd2, jeunesse
há sī nī vāā-rɔ́ : //il/meurt+*acc.*/avec|jeunesse¦sa//, il est mort jeune

vāā bèē — *N*, (humain.jeune [en parlant d'une femme]), jeune fille (célibataire)

vāā bɔ́r — *N*, (humain.jeune [en parlant d'un homme]), jeune homme (célibataire)

vāā bɔ́r gún — (humain.jeune.ensemble), 1. *Nd1*, ami, camarade 2. *N?*, amitié (*v. surtout* bɔ́r gún, vāā gún)

vāā bō̰ — *Nd1*, (enfant.père), frère (germain)

vāā vōō — *N*, (humain.femelle), femme

vāā táná — *N*, (humain.mâle), homme

vāā ndéɲ — *A*, (? .peu), peu (en quantité, en importance); bientôt
vāā ndéɲ ná há yē : //bientôt||*cf.*/il/vient+*inacc.*//, il va venir

vāā nīī — *Nd1*, (enfant.mère), frère (utérin ou germain)

vāā-rì (vàà,vāā) — toucher, affecter

vāā-rā — (*de* vāā-rì), affection (*attesté seulement dans* yō vāā-rā)

vāā ré jɔ̄ — *N*, (enfant.*dét*..serpent), enfant mal né, avorton
croy. Si on ne l'abandonne pas bien vite en brousse, il se transformera, une nuit ou l'autre, en serpent et tuera ses parents et ses frères.

vāā kīrā — *N*, (enfant. ?), orphelin

vāā kàg — *Nd1*, (enfant. ?), fils du fils, de la fille

vāā gú — *N*, (humain.initiation masculine), jeune initié (en cours d'initiation)

vāā gún — (enfant.ensemble), 1. *Nd1*, ami, camarade 2. *N?*, amitié (*v. aussi* bɔ́r gún)

vánā — *N*, arbre *sp.* : *Panda oleosa* PIERRE (Pandacées)
cul. On laisse tremper les fruits dans de l'eau bouillante pendant quelques instants avant de les manger.
méd. Pour soigner les brûlures légères, on dépose dessus des feuilles préalablement mâchées.
ethn. Le devin se sert des noyaux de vánā dans le mbààgē.

vâayá — *A* , aujourd'hui

vɔ̀ — 1. *personnel sujet et objet 3° pers. plur. réflexif*
2. *variante morphologique de* ʔūvɔ̀ (*le déterminé est un Nd*)

vɔ̀rɔ̀ — *A*, hier

vɔ̀rɔ̀ ká — *A*, (*cf.* . ?), avant-hier
vɔ̀rɔ̀ ká gē : les jours qui précèdent avant-hier

vɔ̀g — *N*, champ; culture

vɔ̄r — *N*, mauvaises herbes poussant dans les champs de mil (vɔ̄r kàmsà, etc.), les champs d'arachide (vɔ̄r sōō dìm), etc.

vɔ̄r gɔ̀jɔ̀ — *N*, (*cf.* .*Sorghum caudatum* STAPF var. *colorans* SNOWDEN),
1. plante sauvage *sp.* : *Amaranthus viridis* L. (Amaranthacées)
cul. Les feuilles sont utilisées dans la préparation de la sauce yɔ̀g sɔ́-rì.
2. minuscule grenouille vivant dans les feuilles de gɔ̀jɔ̀.

vɔ́ɔ̀l tí (vɔ̄ɔ̀l,vɔ́ɔ̀l) — causer, parler

vòò — *N*, kapokier

vōrō	au milieu de, parmi
vōrō yāā gē	*N*, (*cf.* .femmes.*pl.*), sobriquet donné aux garçons qui passent leur temps auprès des femmes
vōō	1. *N*, femme; femelle vōō ré bèē : jeune fille (célibataire); vōō bìɲ, vōō sīī : veuve 2. *Ndl*, épouse (*v. aussi* vêey)
vōò (vòò,vōō)	cacher (*v. aussi* ?ûur) vōò yē : se cacher; vōò kīnāndégē : jouer à cache-cache
vôong (vōng,vóng)	danser
vọ̄	*N*, termite ailé *sp.* (on le consomme grillé)
vùrū	*A*, *rend l'idée d'abandon* (*attesté seulement avec* vā-rì "lancer, jeter") (*v. aussi* kānā) vā vùrū : /jette!/——/, jette ça!
vūrú	*variante morphologique de* vùrū (*le verbal de rattachement est à la forme verbo-nominale*)
vúr	*N*, champignon comestible *sp.*

’d

’dìngí — *N*, 1. digue naturelle (*v. aussi* bīí) 2. bosse de terre (en brousse, à la surface d'un étang, etc.)

’dìì — *N*, jumeaux

’dìīndà — *N*, piège-collet *sp.* (à oiseaux; on le pose généralement là où les femmes pilent le grain) (*cf.* Realia)

’dìím — *A*, loin

’dìím nī — *fonctionnel*, (*cf.* .avec), loin de

’dènjī — *N*, arbuste *sp.* : *Strychnos spinosa* LAM. (Loganiacées) (le fruit est consommé cru)

[’də̰̀ŋɾə̰̀ŋ] — *variante de* gèngrèng

’dàlá — *N*, pastèque *sp.* : *Citrullus vulgaris* SHRAD. (Cucurbitacées)

’dàngā — *N*, enclume du forgeron (un très gros clou à large tête) (*cf.* Realia)

’dāvɔ̀ (’dàvɔ̄ɔ̀, ’dāvɔ̀) — vendre

’dɔ̄vɔ̀ (’dɔ̀vɔ̄ɔ̀, ’dɔ̄vɔ̀) — *variante de* ’dāvɔ̀

’dògsò — épointé, non pointu

’dūndū — *N*, chicot
’dūndū sōng : moignon (de bras, de main); ’dūndū ʔém : souche d'arbre (*v. aussi* bēlē, gīrīm bēlē, gīrīm ʔém); ’dūndū ngìì : dent cassée, usée, chicot

t

tīvī	*N*, 1. colle végétale extraite de certains arbres (de karité : tīvī sōn; de *Daniellia oliveri* : tīvī gív; etc.) 2. gluau (fait de tīvī sōn et de tīvī gív)
tītī ngīmí	*N*, (toujours?.testicules), fourmi *sp.* dont l'abdomen a la forme de deux testicules
tīɲ	*N*, foyer à trois pierres
tīɲ kàà	*N*, (*cf.* .termite *sp.*), termitière-champignon des termites kàà
tīī	*variante de* tē-rī
tīì (tìì,tīī)	tracer tīì gāā : dessiner, tracer des lignes; scarifier (*v. aussi* sāàv)
tīíɲ	*N*, mange-mil (?)
tí	*N*, parole tí ré tímbā : vérité
[tímbā̤]	*A*, (*composé probable* : tí.mbā, /parole. ? /), vraiment há rē mbòtò tímbā : //il/*copule*|maladie//vraiment/, il est vraiment malade
tínì (tīnī,tínī)	pousser qqch. de lourd
tí-rì (tī,tí)	(s')appuyer, (s')adosser
tírāáɲ	*N*, arbre *sp.* : *Afromorsia laxiflora* (Papilionacées)
tíɲā	*N*, mil *sp.* : *Sorghum membranaceum* CHIOVENDA var. *firmius* SNOWDEN forma 2 SNOWDEN (Graminées)
tíɲā	*N*, fourmi *sp.*
[tḭ́ɲā·ŋgō̰ŋ]	*N*, (*composé probable* : tíɲā. ? .ngōng), oiseau *sp.*

tíí kìlí	*N*, (? .joue?), oreillons tíí kìlí ʔāgrɛ̄ɛ́ : /oreillons/gonflent+*acc.*+lui/, il a les oreillons
tî̂m (tīm,tím)	piler (le mil) pour enlever le premier son
tî̂m (tīm,tím)	baisser, abaisser, pencher
tî̂v (tīv,tív)	planter qqch. (un piquet, etc.) à la force du bras
tî̂n (tīn,tín)	tresser (natte, panier, séco, grenier à mil, etc.) ndéé tánà gē rè tīn bōróng : /gens.mâle *pl.*/*présent gnomique*|tressent+*inacc.*/grenier/, seuls les hommes tressent les greniers
tî̂r (tīr,tír)	sursauter; trembler tî̂r búgbùgbúgbùg : s'affoler, être désemparé; tî̂r sīī : agoniser
tî̂r bòlò (tīr,tír)	faire un trou, trouer à l'aide d'un poinçon (*v. aussi* tɔ́-rì bòlò/bɔ̀g)
tî̂ɲ (tīɲ,tî̂ɲ)	1. éparpiller, disperser tî̂ɲ kátíkátí : bouleverser, mettre sens dessus dessous; tî̂ɲ gún : se séparer; s'ignorer (être ennemis) 2. effacer
tèmbè	*cf.* ndàgə̰mɔ̀ tèmbè
tèè	*N*, (*de* tā-rì "courir"*?*), course
tèḛ̄ɲ	*déictique*, ce...qui passe là-bas (loin du locuteur)
tē-rì (tè,tē)	aller, partir (*v. aussi* jḛ̂ɲ) ɲú-nɔ̀ lēl njéng njéng, búr-ɔ̀ mùn-ɔ̀ vā ʔáng, ɲú-nɔ̀ yòng vā ʔáng, tē sàng sɔ́g kɔ̄r ré sɔ̄rɔ́ sɔ̄rɔ́ : /tête-ta/grandisse!/beaucoup.beaucoup/ventre-ton/fasse mal!+toi/*injonctif négatif*/aussi/tête-ta/batte!+toi/*injonctif négatif*/aussi/va!/intérieur|oreille.plante|*dét.*| verte. verte/, que tu vives très longtemps, que ton ventre ne te fasse pas souffrir, que le mal de tête te soit épargné, que Dieu te garde! (formule de souhait que le bɔ̄ dūū adresse à ceux qui lui apportent des présents lors de la fête de la lune) tē-rì mbāā : voyager; tē-rì gú, tē-rì jìì : se faire initier (pour un garçon, une fille); tē-rì nī-: partir avec; avoir, posséder; tē-rì nī tém : avoir honte (*v. aussi* tém kērì, kērì tém)
tē-rì pàà (tè,tē)	prendre époux, se marier (en parlant d'une femme)
tē-rì nī búr (tè,tē)	être enceinte; être pleine
tē-rì kūng (tè,tē)	suivre, rejoindre qqn ẏēē tē kīn-à bárà : /chien/va+*acc.*.nuque-ma/Bara/, le chien m'a suivi jusqu'à Bara

tēndī — *N*, sangsue

tērīm — *variante de* tērēm

tērēm — *N*, graminée sauvage *sp.* : *Eragrostis cylindrica*
techn. On fabrique les balais avec la tige.

tēērā — *N*, nom d'un chenal du Mandoul qui, à la saison sèche, draine les eaux

tém — *N*, honte
tém kērì, kērì tém : avoir honte (*v. aussi* tē-rì nī tém)

témnì (tēmnā,témnā) — mesurer
témnì nī : comparer

téng — *Nd2*, différent, autre
ndéé ré sè ndɔ̄ɔ̀g rē ndéé ré téng : //gens|*dét.*|chose|rendre fou/*copule*|gens|*dét.*|différents//, les fous sont des gens différents

têe (tēē,téé) — semer à la volée (le sésame notamment)

têer (tēr,tér) — tamiser, filtrer (un liquide)

tḛ̀ — *A*, dressé, redressé vers le haut (*attesté seulement avec* bīndà)
nām mbúr-ɔ́ bīndà tḛ̀ : //bout|nez-son/est tordu/dressé vers le haut//, il a le nez en trompette

tḛ̂ḛ mbúr (tḛ̄,tḛ́) — se moucher (*v. aussi* jîing mbúr)

tàmá — *N*, mouton

tàmá — *N*, champignon comestible *sp.*

tàv — *N*, arbre *sp.* : *Securidaca longipedunculata* FRESN. (Polygalacées)
cul. Avec le décocté de fleurs et des condiments, on prépare la sauce yɔ̀g húr-ú tàv.
techn. On fait des cordelettes avec l'écorce des tiges vertes.

[tạ̀tùnɔ̰́] — *A*, premier, en premier (*v. aussi* nām tàtùnɔ́)

[tạ̀là·gē] — *N*, (*composé probable* : tàlà. ? .gē, / ? . ? .*pl.*/), arbre *sp.*

tà sàng mbɔ̀r — *N*, (court+*inacc.*.intérieur.fruit du karité), araignée *sp.*

tàŋ — *N*, poisson *sp.*

tā — *particule d'insistance* : vrai, vraiment
há jòò sè rē tā: //il/veut+*inacc.*/chose/*négation*/ - //, il ne veut vraiment rien

tāná	*coordinatif de propositions?*, alors, dans ce cas-là, à ce moment-là
tā-rì (tà,tā)	1. courir tā-rì kímbīrī : avoir des vertiges, un étourdissement 2. voler (en parlant d'un oiseau)
tārì (tàrīì,tārì)	toucher, tâter, palper
tā-rì ndūrú (tà,tā)	se rider
tā-rì ngín (tà,tā)	péter
[tạɾè·]	*cf.* sūū sūū tārèè
tāy	*N*, dermatose *sp.*
tāy láv	*N*, (*cf.* .vite?), gale du pied
tāngātāngā	*N*, (*composé probable* : tāngā.tāngā), oiseau *sp.* : poule d'eau?
tānglā ngòsò	*Nd1*, (? .genou), rotule
tāà (tàà,tāā)	1. rattraper, rejoindre qqn; rencontrer qqn tāà gún : se rencontrer; dūū nī yór tāā gún-vɔ̀ : //lune|avec|soleil/rencontrent+*acc.*/ensemble-leur//, la lune a rencontré le soleil (il y a éclipse) 2. joindre qqch. tāà kúú : joindre, nouer deux ficelles; ɲíí tāà : se souvenir; ɲíí-nà tàà dùù ʔàá jéɲ yā rē : //tête-ma/joint +*inacc.*/jour#*rela...*+il/part+*acc.*/...*tif#négation*//, je ne me souviens pas quand il est parti
tāà	*numéral*, trois
tāàn (tàn,tān)	jaillir tāàn ʔór : étincelle
tāà kóvó (tàà,tāā)	battre des mains, applaudir
tāàg (tàg,tāg)	refuser de, refuser qqch.
tāàng (tàng,tāng)	égrener (le mil) (on pile les épis pour libérer les grains du bìsī)
tāá	*N*, nuage de criquets
[tạmtạɲ́]	*N*, insecte *sp.*
tátà	*Nd2*, vaste, large, grand
tánì (tānā,tánā)	parler, causer tánì vɔ̄ɔ̄ : faire la cour à une femme; tánì ɲíí : dire du mal de qqn, calomnier; há tánā vāā tánā ɲíí-nà : //il /parle+*acc.*/homme/tête-ma//, il a dit à l'homme du mal de moi

táná	1. *Nd1*, mari; frère du mari 2. *Nd2*, mâle bèré táná, vāā ré táná : homme
táná bo̰	*Nd1*, (? .pied), ongles des pieds; griffes
táná vàrā	*N*, (? .houe), houe dont le fer est usé
táná sōng	*Nd1*, (? .main), ongles des mains; griffes, serres
tálà (tālà,tálà)	ouvrir, tendre (la main, le bras)
tálà (tālà,tálà)	(s')étrangler, (s')étouffer mīɲ tálîîɲ : /eau/étouffe+*acc.*+moi/, je me suis étranglé avec l'eau
tángní	*cf.* hòg tángní
táárà (tāārà,táárà)	croire, supposer
táárà (tāārà,táárà)	1. chérir, aimer 2. pardonner
tâan (tān,tán)	déchirer tâan jáɲjáɲ : déchiqueter
tâay (tāay,tâay)	caresser
tâa kòō (tāa,tâa)	1. respirer (*v. aussi* ʔə̰̀ə̰) 2. se reposer
tə̰	*Nd1*, 1. queue (des quadrupèdes) (*v. aussi* gʷàɲ tə̰) 2. pénis tə̰ sī-rì : devenir, être impuissant; tə̰ ʔārì : se mettre, être en érection
tə̰̄ə̰̀ (tə̰̀,tə̰̄)	tirer
tə̰́	*A*, 1. en vain 2. difficilement, avec difficulté
tɔ̀lɔ̄	*N*, chacal
tɔ̀rɔ̄	*N*, morceau de calebasse servant à retirer la boule de la marmite
tɔ̀ng	*A*, 1. encore, de nouveau 2. encore, toujours há yé rē tɔ̀ng : //il/vient+*acc.*/*négation*/encore//, il n'est pas encore venu
tɔ̀ɔ̄	*déictique*, ce...qui passe ici (près du locuteur)
tɔ́-rì (tɔ̄,tɔ́)	1. sortir brusquement de son trou, jaillir de terre (en parlant d'un rat notamment) 2. s'ouvrir, s'entrouvrir (en parlant d'une plaie, d'une tumeur, etc.) 3. tɔ́-rì bòlò, tɔ́-rì bɔ̀g : faire un trou (dans un mur, un arbre, etc.) à l'aide d'un instrument pointu ou tranchant (*v. aussi* tîîr bòlò)

tɔ́grì (tɔ̄grɔ̄,tɔ́grɔ̄)	user, élimer, déchirer
tòlò	*N*, mésange-rémiz
tòró	*N*, pipe
tòró nām	*Nd1*, (*cf.* .bouche), fossettes (*v. aussi* mbìlì tòró)
tòlò	fin d'une suite tòlò vāā : benjamin
tɔ̄r (nām)	*N*, salive tɔ̄r nām-ɔ́ rē dém : //salive|bouche-sa/*copule*|sang//, sa salive est ensanglantée
tɔ̄rɔ̄	*N*, plante sauvage *sp.* que l'on rencontre dans les champs de mil
tɔ̄gɔ̄	*N*, 1. abeille *sp.* 2. miel
tɔ̄ɔ̄-rɔ̄	*Nd2*, (*de* tɔ̄ɔ̀ "blanchir"), blanc, de couleur claire
tɔ̄ɔ̀ (tɔ̀ɔ̀,tɔ̄ɔ̄)	blanchir, devenir blanc; être blanc bīɲ ɲú-nɔ́ tɔ̀ɔ̀ : //poils|tête-sa/blanchissent+*inacc.*//, ses cheveux blanchissent
tɔ̄ɔ̀ (tɔ̄ɔ̀,tɔ̄ɔ̄)	cracher, recracher qqch. (en soufflant) tɔ̄ɔ̀ tɔ̄r : cracher
tɔ́r	*N*, chaume : *Imperata cylindrica* (Graminées) *techn.* Le toit des cases est fait généralement de tɔ́r.
tɔ́-rì (tɔ̄,tɔ́)	1. dépasser, surpasser, être plus que 2. échapper à qqn
tɔ́ɔ́lò (tɔ̄ɔ̄lò,tɔ́ɔ́lò)	peler, éplucher
tɔ́ɔ́-rì māɲ	*N*, (*cf.* tɔ̂ɔ .pluie), foudre
tɔ́ɔ́rɔ́	*pluriel irrégulier de* táná
tɔ̂ɔ (tɔ̄ɔ̄,tɔ́ɔ́)	réprimander, gronder, s'emporter contre qqn
tūù (tùù,tūū)	(s')accroupir
tûu (tūū,túú)	mettre (un habit, etc.), enfoncer, enfiler, emmancher tûu ʔɔ́r : mettre le feu, enflammer qqch. (à l'aide d'une torche)
tûu (tūū,túú)	saturer (?) sɔ̄g túú yɔ̀g : //sel/sature+*acc.*/sauce//, la sauce est trop salée
tûu	*A*, (*du français*), tout
tûu tûu	*A*, (*cf.* . *cf.*), tout

tûu ndēē (tūū,túú)	(? .parenté) se réconcilier
tûung (tūng,túng)	1. se défaire, se rompre, casser (en parlant de qqch. de souple) tûung tí nī, tûung sàrià nī : juger (qqn) 2. cesser, s'arrêter (en parlant de la pluie notamment) mā̰n túng : //pluie/cesse+*acc.*//, la pluie a cessé
tûung (tūng,túng)	pousser avec violence, bousculer qqn

d

dìm — *N*, Baguirmien, Arabe, musulman

dìvā — *N*, héritage

dìlà — *N*, lieu-dit : grande étendue sans arbre au sud de Bouna

dìgí — *N*, orthoptère : sauterelle, criquet
dìgí bānjā (- .lèpre), dìgí dúng (- .rouge), dìgí ndākùū (- . ?), dìgí ngāārà (- .chef) : *N*, orthoptères *sp.*

[dḭ̀m̄té·lé] — *N*, (*composé probable* : dìīm.téélé), plante sauvage *sp.* (Acanthacées?)
techn. La tige est utilisée dans la charpente des cases (*cf.* gárá yāng).
On fait brûler des feuilles pour chasser les moustiques.

[dḭ̀m̄tòwò] — *N*, (*composé probable* : dìīm.tòvò), plante sauvage *sp.*
méd. La sève laiteuse est réputée soigner les blessures.

dīvà — *Nd1*, frère, soeur de l'épouse; conjoint du frère, de la soeur

dīlà ([dìlɛ̀·],dīlà) — tourner, retourner; (se)retourner (de tout le corps)
há dīlɛ̀ɛ́ sàng lāā ʔùú : //il/retourne+*acc.*+lui/intérieur|natte|sa//, il s'est retourné sur sa natte

dī-rì dēlèngēn (dì,dī) — fabriquer des briques (de terre crue)

dīrīm — *N*, fumée

dīgí tàmá — *N*, (? .mouton), bélier

dīgāà — *A*, jadis

dīng — *N*, 1. corne

	dīng nām kóg jūū : tuyère (en corne d'antilope) de la forge reliant le soufflet (kóg jūū) au fourneau (mbúr jūū) (*cf.* Realia) 2. flûte à 3 ou 4 trous
dīng yē	*Nd1*, (corne?.corps), corps
dīɲ̀ (dìɲ,dīɲ)	saluer
dīí	*numéral*, deux
dídìīm	*N*, calebassier *sp.* *techn.* La trompe des hommes-lion est faite avec la calebasse (on l'utilise en pays ngambay pour la fabrication des balafons).
díní	*N*, grand lézard de brousse (on le mange)
dír	*N*, mouche
dí-rì (dī,dí)	enlever, ôter dí-rì búr : vider (un animal); dí-rì tōgō : récolter le miel; dí-rì sīī : déterrer un mort; dí-rì ɲíí : ôter, prendre le dessus de qqch., une petite quantité de qqch.; dí-rì kīvī : se déshabiller
dír pǭǫ́	*N*, (*cf.* .liane à latex *sp.*), grosse mouche *sp.* bourdonnante
dígrì (dīgrī,dígrī)	suivre à la trace
dîm (dīm,dím)	arriver há dím bínà vɔ̀rɔ̀ : //il/arrive+*acc.*/Bouna/hier//, il est arrivé à Bouna hier
dîm (dīm,dím)	prendre qqch. dans un récipient
dîm (dīm,dím)	toucher de la main (par amitié, machinalement, etc.)
dîr (dīr,dír)	descendre vāā dīr sàng ʔém : //enfant/descend+*inacc.*/intérieur|arbre//, l'enfant descend de l'arbre
dîr (dīr,dír)	respecter (la mère de sa femme, le père de son mari, en s'abstenant de manger devant eux et de leur adresser la parole)
dîɲ (dīɲ,díɲ)	se transformer en, se changer en, se métamorphoser en dîɲ dàr : se fâcher, se mettre en colère
dîng (dīng,díng)	détacher, défaire (un noeud, une vannerie, etc.), dérouler (une natte), démolir (une case) dîng bèr : déployer; dîng nām : ouvrir; hìɲ díng nām-ɔ̀ : //je/ouvre+*acc.*/bouche-ta//, bonjour! (au réveil de qqn) (*lit.* "j'ai ouvert ta bouche")

dèrā — *N*, tombe, endroit où l'on enterre un mort

dèrā ɲíí — *Nd1*, (*cf.* .tête), sommet, plat du haut du crâne

dē — en haut; debout

dēlèngēn — *N*, (*emprunt?*), brique de terre crue

dējì (dèjīì, dējì) — demander, demander qqch. à qqn (*v. aussi* yí-rì)
dējì tí : poser une question; dējì táárà : demander pardon; dējì ké : demander si

dēē — *N*, roussette

dēē — *Nd1*, 1. âme, esprit
dēē ndéé, dēē-ɲā : l'esprit des gens, notre esprit (surnom de jīní mōó)
2. ombre, silhouette

dēē dòngò — *N*, (roussette. ?), grosse roussette *sp.*

dēè (dèè, dēē) — croire, penser
dēè nà : penser que

dēè nām (dèè, dēē) — féliciter qqn (*v. aussi* rā-rì nām, jōò nī jōō/sàng)

dém — *N*, sang
dém kōr : sang menstruel

dém búr — *N*, (*cf.* .ventre), grossesse de 2 ou 3 mois
há tè nī dém búr : //elle/va+*inacc.*/avec|sang.ventre//, elle est en début de grossesse

déé — *N*, phacochère

dé̀èm (dēm, dém) — écouter, entendre, croire
hìɲ dēm-ɔ̀ rē : //je/crois+*inacc.*-toi/*négation*//, je ne te crois pas; dé̀èm nām : respecter

dé̀èr — *N*, pigeon *sp.*

dà — *interrogatif*, combien ?
hà ʔēē būū dà : //tu/achètes+*acc.*/poule/combien//, combien de poules as-tu achetées?; jàà ʔōōng rē dà : //argent|ton/*copule*|combien//, combien d'argent as-tu?; gàà-rɔ́ rē dà : //année-ta/*copule*|combien//, quel âge as-tu?

dà — *N*, piège
dà yāng : piège-collet *sp.* à oiseaux (*cf.* Realia)

dà pàāy — *N*, (piège.grand), piège-collet *sp.* à petites antilopes, etc. (*cf.* Realia)

[dạbạ̀] — *N*, oiseau *sp.*

dàv — *N*, (*de* dàvɔ̄?), abri (/petit hangar) sous lequel, à l'heure de la sieste, on se protège du soleil

dàvɔ̄ — *N*, petit séchoir (*cf.* Realia)

dàtà — *Nd?*, favoris

dàdâa — *Nd1*, bas-ventre, pubis (*v. aussi* bɔ́ndɔ̀)

dàǹà — *Nd?*, 1. droit (qui n'est pas courbe) 2. juste, franc, droit

dàná — *N*, grillon *sp.*

dàlà — *N*, sorgho à sucre *sp.*

[dạ̀lɪ̀ạ̀] — *N*, petit tambour *sp.*

dàr — *N*, 1. guerre 2. discorde 3. bataille, rixe 4. colère

dàɲ — *N*, gros varan *sp.* (de la taille d'un crocodile)

dày — *N*, Day

[dạ̀kòɣyò] — *N*, (*composé probable* : dà.kòōgyò), grosse blatte *sp.*

dàgìīm — *N*, lièvre

dà gàjà — *N*, (? .fourche), grand termite *sp.* à tête en forme de fourche

dàng — *Nd1*, 1. poils (homme et animal) (*v. aussi* bēɲ)
dàng nɔ́n : cils; dàng ɲíí nɔ́n : sourcils
2. plumes (d'oiseau)
dàng gìtì : queue (d'oiseau)

dàngâay — *N*, (*emprunt o.i.*), prison

dàā — *N*, graminée sauvage *sp.*
techn. Elle est utilisée, avec le jonc, dans la confection des greniers à mil.

dàā — *Nd1*, plat, paume (de la main), plante (du pied)

dām — *N*, boisson fermentée : bière, alcool
dām dōr : bière de petit mil; dām mbàtì kôo : bière de maïs; dām ndɔ̄ɔ̀g : être ivre

dānā — *N*, guêpe

dānā — *Nd1*, milieu
há gīv dānā kīvī dīí : //il/coupe+*inacc.*/milieu|pièce de tissu/deux//, il coupe le tissu en deux; dānā dùù : minuit; dānā yór : midi; dānā yē : tronc (des épaules au bas-ventre); dānā ʔə̰̄ : dos (des omoplates aux reins)

dānā — *néo-fonctionnel?*, (*du mot précédent*), parmi, entre, au milieu de

dānā gō̰ó̰ — *N*, (guêpe. ?), guêpe-maçonne

dālí — *N*, petite jarre d'argile cuit (on y conserve l'eau potable, la farine, etc.) (*cf.* Realia)

dāy — *A*, par ignorance, involontairement

dāng	*N*, grue couronnée
dāngtí	*N?*, pauvreté (*v. surtout* nò)
dāā	*N*, 1. mil 2. boule (de mil, maïs, manioc, etc.) dāā sàà : boule de haricot (les haricots sont pilés avant d'être cuits)
dāā ngòōngɲògē	*N*, (*cf.* . ?), boule à base de haricots et de farine de ndērī ou de manioc
dāà (dàà,dāā)	damer, tasser (de la main, du pied) par pression dāà bìnà : remuer la boule de son pour la rendre compacte; dāà gìtì : s'asseoir; há dāā gìtìí ɲíí rūū : //il/dame+*acc.*/derrière+son/dessus|terre//, il s'est assis par terre
dāà ʔór (dàà,dāā)	plonger une paille/un bâtonnet dans un feu pour prendre du feu
dāàm (dàm,dām)	piquer qqn/qqch., donner un coup (à l'aide d'un instrument pointu : couteau, sagaie, etc.) súgú dàm-à : //hoquet/pique+*inacc.*-moi//, j'ai le hoquet; dāàm ɲíí : recueillir le dessus d'un liquide avec une petite calebasse; dāàm kílì : s'accouder
dāàm mbàrà (dàm,dām)	jouer au jeu de mbàrà
dāàv (dàv,dāv)	terrasser, battre qqn dāàv gún : se battre
[dạ́dạ́lʸạ̄]	*N*, entrave à bestiaux (en corde)
[dạ́kōló]	*N*, (*composé probable* : dá.kōló), pigeon *sp.*
dáng	*A*, déjà
də̰̀	*N*, huile də̰̀ mbɔ̀r : huile de karité; də̰̀ sɔ̀n : huile de sésame; də̰̀ sōō dìm : huile d'arachide; də̰̀ jɔ̀gɔ́ : huile de pastèque; də̰̀ kōgyō : huile de *Lophira alata*
dɔ̀vō	*variante de* dàvō
dɔ̀gɔ̀	*N*, champignon comestible *sp.*
dɔ̀gɔ̀	*N*, étoile *sp.*
dɔ̄	*N*, terme générique regroupant plusieurs espèces d'insectes (poux, puces, punaises, asticots, mille-pattes, termites, etc.) dɔ̄ sàà : charançon du haricot; dɔ̄ sōō dìm : charançon de l'arachide; dɔ̄ kōró : insecte vivant dans la tige de mil
dɔ̄	de moindre importance, de moindre valeur dɔ̄ sōō dìm : arachides que l'on écarte et jette lors du tri parce qu'elles sont mauvaises ou qu'elles n'ont pas belle apparence; nò rē dɔ̄ ʔàà (PROVERBE) : //pauvre/

copule|moindre importance|village//, le pauvre est de peu d'importance dans un village

dɔ̄ mbúr — *N*, (insecte.nez), gros mille-pattes *sp*.

dɔ̄-rì (dɔ̀,dɔ̄) — 1. griller, faire griller (de la viande, du poisson, des tubercules, etc.)
bèré vɔ̄ɔ̄ dɔ̀ būù : //qqn+*dét.*| femelle/grille+*inacc.*/poulet//, la femme fait griller le poulet
2. chauffer, faire chauffer; chauffer, brûler (en parlant du soleil)
jóng dɔ̀ : //endroit/chauffe+*inacc.*//, il fait chaud

dɔ̄ rīím — *N*, (insecte. ?), insecte prédateur de la tige de mil

dɔ̄ɔ̀r (dɔ̀r,dɔ̄r) — faire périr un arbre en brûlant des fagots à son pied (*v. aussi* sūùn)

dɔ́gɔ̀ — *N*, sable

dɔ́gɔ̀ — *N*, champignon comestible *sp*.

dòvò — *N*, grand tambour funéraire

dòrò — *N*, mil *sp*.

dòrò — place (d'un objet, d'une personne)

dògó — *N*, sorcière
dògó gāà : ensorceler, envoûter

dòngò — *cf*. dēē dòngò

dòōlò — *N*, milan

dō — *cf*. lángá dō

dōnō — *Nd2*, (*de* dɔ̄-rì?), chaud

dōr — *N*, petit mil : *Pennisetum gibbosum* STAPF (Graminées)

dōò kīrā (dòò,dōō) — 1. payer, rembourser (une dette) 2. venger

dōò kōō ʔém (dòò,dōō) — écorcer un arbre, une branche

dôor (dōr,dór) — se laver (tout le corps)
mɔ́ dōr : //ils/se lavent+*inacc.*//, ils se lavent

[dòɪ] — *A?*, rond, qui a la forme d'un ballon
búr-ɔ́ rē dòi : //ventre-son/*copule*| ballon//, il est ventripotent

[dụ̀m] — *variante de* dìm

dùmɔ̀ — *N*, hydromel (très rare à Bouna)

dùnɔ́ gē — certains, quelques uns (*v. aussi* ndávɔ̀ dùnɔ́ gē)
dùnɔ́ gē...dùnɔ́ gē... : les uns...les autres...

dùlù — *N*, petite antilope *sp.* : céphalophe de Grimm

dùlù — *Nd2?*, émoussé, peu/pas tranchant
há sāv-à dùlù : /il/coupe+*acc.*-moi/émoussé/, il m'a donné un coup de couteau sans me blesser vraiment (son couteau n'était pas tranchant)

dùrúrū — *Nd2*, émoussé, usé, édenté
ngìì-rɔ́ rē dùrúrū : /dents-ses/*copule*|usées/, il n'a presque plus de dents

dùù — *N*, 1. nuit 2. jour
dùù dūū : jour de la fête de la lune

[dūbú] — *numéral?*, mille; des mille et des cents

dūbú búr ɲá — *A?*, (*cf.* .ventre.éléphant), en quantité innombrable, énormément

dūbú dūbú — *A?*, (*cf.* . *cf.*), en quantité innombrable, par millions

dūū — *N*, 1. lune
dūū bɔ̀r : /lune/sort+*inacc.*//, la lune se lève; dūū vā ʔàà : //lune/construit+*acc.*/concession//, la lune est dans un halo ("elle est dans l'eau"); dūū rē ngórò : //lune/*copule*|enfant//, ce sont les premiers croissants de lune
2. mois; saison
dūū jìɲ : saison froide (d'octobre à janvier)

dūù (dùù,dūū) — prendre, ramasser (*v. aussi* jīì, kāà)

dúndō — *N*, libellule (?)

dúng — *Nd2*, (*de* dúùng), rouge
vāā ré dúng : bébé, nouveau-né

dúng-nú — *Nd2*, (*de* dúùng), 1. mûr 2. rouge

dúú — *N*, plante cultivée *sp.* : *Hibiscus asper* HOOK. (Malvacées) (*fr.loc.* "oseille")
cul. La feuille entre dans la préparation de la sauce yɔ̀g sɔ́-rì, la pulpe du fruit dans yɔ̀g bɔ̄r, les graines dans la sauce jɔ̄gɔ̄ dúú.
dúú dí njàgá : *N*, (- .démange(?)+*acc.*.canard), plante sauvage *sp.*, *Urena lobata* L. (Malvacées)
cul. La feuille est utilisée dans la sauce yɔ̀g sɔ́-rì.
techn. On se sert de la tige pour faire des cordes.

dúúrù — *N*, grand panier de jonc tressé (on y met le coton, les épis de mil, les cosses de haricot, etc.) (*cf.* Realia)

dúù (dūū,dúú) — savoir, connaître qqn/qqch.

dúùng (dūng,dúng) — mûrir, être mûr

nd

ndìlèng — *Nd2*, gluant

ndìlà — *N*, saison sèche

ndìng — *Nd2*, calme, tranquillité (*v. aussi* kààkà)

ndīngā — *N*, (*de* ndíngà), envie, convoitise

ndír kɔ̀tɔ̄ — *N*, (? .adresse), grillon *sp.* de couleur marron-clair

ndíngà (ndīngà,ndíngà) — envier, convoiter

ndíì (ndīī,ndíí) — demander qqch. à qqn; demander de l'aide à qqn

ndíìr (ndīr,ndír) — 1. devenir fort, être fort 2. durcir, être dur (*v. aussi* lēèl)
ɲíí rūū ndír : /dessus| terre/durcit+*acc.*/, le sol est dur
3. mûrir, être mûr (en parlant du mil, des arachides, des pois de terre, des haricots, etc.)
kōró ndīr : /*Sorghum sp.*/mûrit+*inacc.*/, le mil kōró mûrit; kōró ndír : / - /mûrit+*acc.*/, le mil kōró est mûr
4. être vieux, mûr (en parlant de qqn, au point de vue moral ou physique) 5. fermenter (en parlant de la bière)

ndèng — *A*, moyennement, ni trop ni trop peu

ndētì — *verbal*, être en rapport avec, être du regard de
tí yā ndētííng rē : /parole| cette/est du regard de+toi/*négation*/, cela ne te regarde pas

ndērī — *N*, plante *sp.* (*fr.loc.* "tapioca")
cul. Consommée sous forme de bouillie (gàà ndērī) ou de boule (dāā ngɔ̀ɔ̄ngɲɔ̀gē).

ndējì (ndèjīì,ndējì) — *variante de* dējì

ndēē — *N*, famille, parenté (*v. aussi* ndâāv)

ndēèm — *verbal*, 1. suffire, être suffisant (*v. aussi* ɲānì)
sé sīīɲ ndēèm : /chose| cette/suffit/, c'est suffisant;
sɔ̄g ndēèm yɔ̀g : /sel/suffit/sauce/, la sauce est assez salée
2. ndēèm (nī jōō) : être capable, être en mesure de
3. ndēèm gún : être égal

ndéɲ — *A*, peu (en quantité, en importance)
há sū sè ndéɲ : /il/mange+*inacc.*/chose/peu/, il mange peu

ndéé — *pluriel irrégulier de* bèrē

ndḛ́ — *variante de* ndéɲ

[ndàdìɲ] — *N*, (*composé possible* : ndà.dìɲ, /*cf.* ndàà. ? /), bicyclette

ndànìɲà — *N*, gros scolopendre venimeux

ndàlà mbúr — *Nd1*, (? .nez), arête du nez

ndàyā — *N*, grande antilope *sp.* : hippotrague

ndàyā — raison
há rē ndàyā mbɔ̀g : /il/*aux.préd.*|raison/toujours/, il a toujours raison

[ndàgə̀mɔ̀] — *N*, (*composé probable* : ndà.gə̀.mɔ̀), graminées sauvages *sp.*
ndàgəmɔ̀ tèmbè: *N*, (- . ?), *Brachiaria sp.*
techn. Elle est utilisée dans la confection des chaumes de case.
ndàgə̀mɔ̀ ndàyā : *N*, (- .antilope-cheval), graminée *sp.*

ndàà — *N*, cheval

ndàà kìlì — *N*, (cheval. ?), pintade

ndàà kɔ́rɔ̀ — *N*, (cheval. ?), plante sauvage *sp.*
techn. On se sert du fruit comme savon pour la toilette.

ndānìɲá — *N*, gros scorpion noir

[ndākùū] — (*composé probable* : ndā.kùū), *cf.* dìgí ndākùū

ndāārá — 1. cuir, peau (*v. surtout* kóg) 2. ceinture, lien, bande de cuir

ndāà (ndàà, ndāā) — 1. damer, tasser (en tapant de la main, avec une masse, etc.) 2. coucher (les pieds de mil, etc.) (en parlant du vent)

ndāàv (ndàv, ndāv) — mettre la boule de la marmite dans la calebasse ngûù à l'aide de tɔ̀rɔ̄

ndāàg — *numéral*, quatre

ndávɔ̀ dùnɔ́ gē — certains, quelques uns (*v. aussi* dùnɔ́ gē)
ndávɔ̀ dùnɔ́ gē...ndávɔ̀ dùnɔ́ gē...: les uns...les autres...

ndágà (ndāgà,ndágà)	marcher há gɔ̀r ndágà : //il/apprend+*inacc.*/marcher//, il apprend à marcher
ndágrà (ndāgrà,ndágrà)	préparer, cuisiner
ndáá	*N*, pont
[ndá·vɔ̀]	*N*, arbre *sp.* : *Hexalobus monopetalus* (A. RICH.) E. et D. (Annonacées) *techn.* On utilise le bois pour le manche des harpons, et l'écorce pour faire des cordes.
ndâav (ndāv,ndáv)	1. mettre au monde, accoucher, mettre bas 2. famille, parenté (*v. aussi* ndēē)
ndâay	*N*, verge, chicotte
ndɔ̄ɔ̀g (ndɔ̀g,ndɔ̄g)	monter, grimper há ndɔ̀g làngà ʔém : //il/grimpe+*inacc.*/cime|arbre//, il grimpe à la cime de l'arbre; ndɔ̄ɔ̀g ndàà : monter à cheval
ndɔ̄ɔ̀g (ndɔ̀g)	rendre fou, enragé dām ndɔ̀g-ɔ́ : //bière/rend fou-lui//, il est ivre
ndɔ́jɔ̀ (ndɔ̄jɔ̀,ndɔ́jɔ̀)	étonner, surprendre ndɔ̄jîiɲ: //étonne+*inacc.*+moi//, ça m'étonne!
ndɔ́g-ɔ́	(*de* ndɔ̂ɔg), graisse
ndɔ̂ɔg (ndɔ̄g,ndɔ́g)	1. engraisser, grossir 2. faire du miel
ndògō	*N*, 1. séco (généralement en paille de gēr ou de gàlā táná) ndògō sēē : séco de jonc (très rare à Bouna; mais la concession du chef de terre doit être entourée de ndògō sēẹ) 2. clôture (de la concession)
ndōlò (ndòlōò,ndōlò)	suivre à la trace; suivre à la dérobée
ndōō	*N*, querelle, dispute, palabre
ndùgù	*N*, couleuvre *sp.* *croy.* On met ndùgù dans un récipient que l'on place à l'intérieur de la case. Si une personne pratiquant la sorcellerie vient à entrer, ndùgù s'enfuit.
ndùgú	*cf.* kùrù ndùgú
ndūrú	*N*, rides
ndūgū	*N*, plantes sauvages *sp.* ndūgū ré vōō : *Ampelocissus africana/multistriata* (Ampélidacées) (le fruit est consommé cru) ndūgu ré táná : plante *sp.* (le fruit est consommé cru)

techn. La tige de ndūgū sert à attacher le pied des sécos, à ficeler la charpente des cases, etc.

ndūū	*N*, bruit (*v. aussi* gévré)
ndúrù	*N*, hérisson
ndúrù	(*de* ndîìr?), fort, vigoureux
ndûùg (ndūg, ndúg)	courber, plier, tordre ndûùg kìv : courber en demi-cercle

n

nìvàkīìn

N, (*du français*), nivaquine

nī

1. *fonctionnel*, avec, et
há kērē yāng ˀēèɲ nī ˀàmà : //il/fait+*acc.*/case|ma/avec|moi//, il m'a aidé à construire ma case; ndéé ˀō̰ séɲ nī yór ré dānā ˀàà : //gens/arrêtent+*acc.*/travail/avec|soleil|*dét.*|milieu|village//, les gens se sont arrêtés de travailler à midi; māɲ sē nī yōlōlō : //pluie/pleut+*inac.*/avec|force//, la pluie tombe avec force; bō̰ bīlā ɲā sú-rì yíì nī būù : //chef de l'initiation/interdit+*acc.*/manger/cabri/avec|poulet//, le chef de l'initiation a interdit de manger du cabri et du poulet
nī bò̰ : à pied; nī dùù gē : tous les jours, chaque jour; nī kàlà : seul; nī gàà gē gàà gē : au fur et à mesure des ans, avec les ans
2. *A*, avec
há ndúg ˀém hêèy kú nī dà : //il/plie+*acc.*/bois/pour que ...+il/pose+...*acc.*/avec/piège//, il a plié le morceau de bois pour faire un piège; há hàm njàlà ˀór hêèy kērē nī ˀór : //il/pince+*inacc.*/braise/pour que...+il/fait+...*acc.*/avec/feu//, il prend une braise entre deux bâtonnets pour faire du feu

nī bò̰

A, (*cf.* .pied), avec chance, avec succès
há tē gō̰ō̰ nī bò̰ó̰ : //il/va+*acc.*/chasse/avec pied+son//, il a fait une bonne chasse

nī jōō

fonctionnel, (*cf.* .*volonté*), pour
há kērē dām bàábò nī jōō dùù dūū : //elle/fait+*acc.*/bière/beaucoup/pour|jour|lune//, elle a fait beaucoup de bière pour la fête de la lune; há ˀēē kīvī tāà nī jōō yāā-rɔ́ gē : //il/achète+*acc.*/pagne|trois/pour|femmes-ses|*pl.*//, il a acheté trois pagnes pour ses femmes; tɔ̀rɔ̄ rē nī jōō ndāàv dāā : //tɔ̀rɔ̄/*copule*|pour|retirer|boule//, tɔ̀rɔ̄ sert à retirer la boule de la marmite

nī jōō

subjonction, (*cf.* .*volonté*), 1. parce que
vāā jūū nī jōō ngìì-rɔ́ mùn-ɔ́ : //enfant/pleure+*inacc.*/parce que/dents-ses/font mal+*inacc.*-lui//, l'enfant pleure parce qu'il a mal aux dents; yór mīɲ ˀām-ɔ́ bààbò nī

jōō há tā tèè : /soif/tue+*inacc.*-lui/beaucoup/parce que/il/court+*acc.*/course/, il a très soif parce qu'il a couru
2. pour que (*le verbal régi – prédicat 2 – est toujours à la forme verbo-nominale*)
vāā vōō tīīɲ sàng hòg nī jōō yór dɔ̄-rì : /femme/éparpille+*inacc.*/intérieur| gombo/pour que/soleil/chauffer/, la femme éparpille le gombo pour qu'il sèche au soleil; sāɲ nī jōō há yé-rì : /c'est bien/pour que/il/venir/, il serait bon qu'il vienne

nī kūng-rîìy
A, (*cf.* .nuque?-de cela), selon la norme, dans les règles, correctement
há kèrē tí nī kūng-rîìy rē : /il/fait+*inacc.*/parole/correctement/*négation*/, il ne se conduit pas bien

nī gìrī
A, (*cf.* . ?), 1. tout, en entier
nī gìrī gē : tout, tous, en entier; ndéé ré ʔàà bínà nī gìrī gē mɔ́ jéɲ : /gens| *dét.*| village|Bouna‖tous‖ils/partent+*acc.*/, tous les gens de Bouna sont partis; ʔór yī vɔ̀g dāā ʔúú nī gìrī gē : /feu/brûle+*acc.*/champ| mil‖son/tout/, tout son champ de mil a brûlé
2. malgré soi
há ʔūū vōō nī gìrī : /il/prend+*acc.*/femme/malgré lui/, il s'est marié malgré lui

nīng
N, 1. animal
nīng ré bìì : animal sauvage; nīng ré ʔàà : animal domestique
2. viande 3. chair (*v. aussi* sìɲ)

nīī
Nd1, 1. mère
nīī sōng : (*lit.* "la mère de la main") pouce; nīī bo̤ : gros orteil
2. animal femelle adulte
nīī būù : poule; nīī tàmá : brebis; nīī yîì : chèvre; nīī gōlō : lionne

nīī lāá
Nd1, (mère. *cf.*), aïeule
nīī lāá bo̤ : mère du père; nāàɲ lāá bàá : /mère+ma. -| père+mon/, mère de mon père; nīī lāá nīī : mère de la mère; nāāɲ lāá nàá : /mère+ma. -| mère+ma/, mère de ma mère

nīī lāá sīī
N, (*cf.* .mort), 1. rhombe
ethn. On s'en sert pour effrayer les jeunes gens lors de l'initiation : son vrombissement est la voix de la mort.
2. insecte *sp.* de couleur rouge qu'on trouve dans les champs de mil après la première pluie (coccinelle?)

níngà (nīngà,níngà)
essayer; goûter

nîìm (nīm,ním)
mordre; piquer (en parlant d'un serpent, d'une fourmi, etc.)

nà
1. *coordinatif de propositions*, et, puis; mais
dùnɔ́ gē rūū kōró nà dùnɔ́ gē rūū sōō dìm : /les uns/sèment+*inacc.*/*Sorghum sp.*/et/les autres/sèment+*inacc.*/a-

rachide//, les uns sèment du mil kōró et les autres des arachides; há sēv gìtì ndògō nàá tīn : //il/ficelle+*i-nacc.*/base|séco/et+il/tresse+*inacc.*//, il ficelle le pied du séco et il tresse; sàà húr nà yùù : /haricot/fleurit+*acc.*/et/donne des fruits+*inacc.*/, les haricots ont fleuri et, maintenant, ils donnent des fruits
2. dēè nà : penser que, croire que; ʔīɲ nà : dire que (*v. par ailleurs* ná, 3.)
há ʔīɲ nà rèy yē bīní : //il/dit+*inacc.*/ - /il+*futur*|vient+*inacc.*/demain//, il dit qu'il viendra demain
3. jōō-rɔ̀ nà kèē : //nom-ton/ - /quoi//, comment t'appelles-tu?

nàsāàr — *N*, (*de l'arabe*), européen, blanc; (*péjorativement*) fonctionnaire

nàām — *N*, gouttière, éclisse
techn. On bande le membre fracturé à l'aide de racines aplaties qu'on fixe avec des cordelettes.

nām — *Nd1*, 1. partie active (ou utile) de qqch.
nām sòmō : tranchant d'un couteau; nām kāsārā : dessus d'un séchoir
2. orifice, ouverture de qqch.; bouche, gueule (d'un animal), bec (d'un oiseau)
nām mè : col, orifice d'une jarre; nām yāng : porte, entrée d'une case; nām gìtì, nām bòlò gìtì, nām màngún : anus
3. extérieur, devant de qqch. (*v. aussi* nɔ́n)
nām nɔ́n : face, figure; nām rūū : surface de la terre, sol
4. bout, bord, extrémité, début, fin
nām mbúr : bout du nez; nām mō : mamelon; nām tàtùnɔ́ : premier, le premier; nām tē̩ : bout de la queue; gland du pénis; nām lélè : pointe de la langue; nām jɔ̄r : pointe inférieure du sternum; nām ɲíí : haut du front, bord du cuir chevelu; nām ɲíí : / - | jour/, matin entre 4 et 6 heures (du second chant du coq au moment où le soleil s'élève dans le ciel); nām ɲíí kàtàng : petit matin, entre 4 et 5 heures 30 (le soleil n'est pas encore levé); nām ʔém : extrémité d'un bâton; lisière d'un bois, d'une forêt; nām kôor, nām mínì, nām ngʷēēy : fin (de qqch.); nām gìtì : début, commencement

nām — *Nd?*, langue, idiome
nām dày : le day

nām — *néo-fonctionnel?*, (*de Nd1*), devant, en face de (*v. aussi* nām nɔ́n)
vāā ʔō̩ nām ndògō : //enfant/arrête+*acc.*/devant|clôture//, l'enfant s'est arrêté devant la clôture

nām nɔ́n — *néo-fonctionnel?*, (devant.face), devant, en face de (*v. aussi* nɔ́n)
há jī nām nán-à : //elle/s'assied+*acc.*/devant|face-moi//, elle s'est assise devant moi

nām kólō — *N*, (bec.oiseau), dermatose *sp.*

ná — 1. *coordinatif de propositions?*, alors, c'est alors que mbūú gīm ná dòōlò hòò (PROVERBE) : //termitière *sp.*/casse+*acc.*/alors/milan/se rassasie+*inacc.*//, quand la termitière est cassée, le milan se rassasie; hìɲ kèrē séɲ bàabò ná rèɲ nɔ̀n : //je/fais+*inacc.*/travail/beaucoup// alors/je+*futur*|fatigue+*inacc.*//, si je travaille beaucoup, je serai fatigué
2. *suit le complément à valeur temporelle (adverbal ou syntagme autonome) lorsque celui-ci est placé en début d'énoncé*
nī yór náá kèrē séɲ nà nī dùù náá rɔ̀ : //avec|soleil|| - +il/fait+*inacc.*/travail/et/avec|nuit|| - +il/dort+*inacc.*//, le jour il travaille et la nuit il dort; há ʔìɲ nà bīní ná rèy yē : //il/dit+*inacc.*/que/demain|| - /il+*futur*|vient+*inacc.*//, il dit qu'il viendra demain (*cf.* nà 2., *ex.*)
3. rɔ̄ày ná : rêver que; gāngnì ná : penser que, croire que (*v. par ailleurs* nà, 2.)
hìɲ rɔ̄ay nɛ̂ɛɲ sén sè bàabò : /je/rêve+*acc.*/ - +je/possède+*acc.*/chose/beaucoup//, j'ai rêvé que j'étais riche

nə̰̄ — *N*, petit scorpion brun-clair très venimeux

nə̰̄ — 1. *N*, chemin, piste, route
hìɲ tāā jâà nə̰̄ bárà : //je/rencontre+*acc.*/Jean/route|Bara//, j'ai rencontré Jean sur la route de Bara; nə̰̄ pīī, nə̰̄ māɲ : voie lactée (de saison des pluies); nə̰̄ ndìlà : voie lactée (de saison sèche); nə̰̄ rɔ̄g : trachée artère; oesophage
2. *Nd1*, moyen de nuire
há yàrā nə̰̄-rîɲ : //il/cherche+*inacc.*/chemin-de moi//, il cherche à me nuire (...le moyen de me nuire)

nə̰̄ə̰̀ (nə̰̂,nə̰̄) — piétiner, écraser du pied, donner un coup avec la plante du pied
nə̰̄ə̰̀ ngàmjàlà : prendre appui sur les pieds (en pliant les genoux) pour faire un effort violent

nə̰̄ə̰̀ (nə̰̂,nə̰̄) — puiser (de l'eau)

nɔ̄ɔ̀n (nɔ̀n,nɔ̄n) — 1. pourchasser, poursuivre qqn, un gibier 2. chasser, renvoyer qqn, écarter qqch.
nɔ̄ɔ̀n ɲíí : se protéger (de qqch.); há yùù kɔ̄vɔ̀ nī jōō nɔ̄ɔ̀n mbòtò ɲú-nɔ́ : //il/boit+*inacc.*/médicament/pour/écarter/maladie/tête-sa//, il prend des médicaments pour se protéger des maladies

nɔ́n — *Nd1*, 1. face, figure; devant du corps; devant de qqch. (*v. aussi* nām)
nɔ́n bo̰, nɔ́n kāsā : devant de la jambe, tibia
2. oeil
nɔ́n tā-rì kímbīrī : avoir un étourdissement, des vertiges; nɔ́n sîm : tourner de l'oeil, s'évanouir; nɔ́n yīrì : souffrir d'un trachome
3. grain (de mil, de maïs, etc.), graine, pépin

nɔ́n dɔ́gɔ̀ — *N*, (grain.sable), 1. plante sauvage *sp.* : *Tephrosia lupinifolia* D. C. (Papilionacées)
méd. L'infusion de feuilles est réputée soigner l'as-

caridiose des nouveaux-nés.
2. champignon comestible *sp.*

nɔ́-rì (nɔ̄,nɔ́) — 1. cuire; être cuit à point 2. être mûr (en parlant de certains fruits)

nɔ̂ɔn (nɔ̄n,nɔ́n) — fatiguer, être fatigué (*v. aussi* ʔɔ̂ɔr)

nò — *N*, pauvreté; pauvre

nûung (nūng,núng) — regarder
nûung kūng : garder, mettre de côté, en réserve; surveiller; élever; nûung (kūng) yē : garder avec soi; nûung nī (kūng) yē : garder qqch. pour son bien, pour se protéger; se protéger

l

lìvìjì — *variante de* lìvjì

lìvjì — *Nd2*, charnu, dodu

lím — *Nd2*, calme, tranquillité (*v. aussi* ndìng, kààkà)

lívà (līvà, lívà) — cesser, s'arrêter (*v. aussi* ʔɔ̰̄ɔ̰̀)

lívā — *N*, Dieu, le créateur

lívlìv — *N*, (*de l'arabe?*), aiguille en métal

lívlív — *A*, (*composé probable* : lív.lív), *intensif* (*attesté avec* ʔíì *et* ʔîìv)

[lèkɔ̂l] — *N*, (*du français*), école

lēmbé — *N*, pointe, poinçon, aiguille
lēmbé sɔ́g : lobe de l'oreille

lēl — *N*, néré : *Parkia biglobosa* BENTH. (Mimosacées)
mbúng lēl : farine de néré
lēl ɲá : *N*, (- .éléphant), arbre *sp.*
méd. On mâche l'écorce pour soigner la toux.

lēlē — *Nd2*, aîné, ancien, adulte, grande personne (*variante de* lēgē?)

lēgē — *Nd2*, aîné, ancien

lēl yēē — *N*, (*de* lēèl?.chien), tique de chien

lēèl (lèl, lēl) — 1. grandir
há lēl bèrē ré lēlē : /il/grandit+*acc.*/qqn |*dét.*| adulte/, c'est une grande personne maintenant
2. durcir, être dur (*v. aussi* ndíìɽ)
ɲú-nɔ́ lèl : /tête-sa/durcit+*inacc.*/, il devient têtu
3. être solide

lēèg (lèg, lēg) — tamiser la farine (de mil, de maïs, etc.) lors de la préparation de la boule

lémlém — *A*, (*composé probable* : lém.lém), *intensif* (*attesté seu-*

lement avec jɛ̄ɛ̀)

lélì — *variante de* lélè

lélìīm — *N*, éléphantiasis des membres inférieurs

lélè — *Nd1*, 1. langue (organe) 2. lame (couteau, sagaie)

légì — *N*, oiseau *sp.*

léé — *variante de* lélè

làmî̀n — *N*, (*de l'anglais*), agrumes *sp.*
làmî̀n ré bɔ̀ng : citronnier, citron
làmî̀n ré tōgō : oranger, orange

làvɔ̄ — *N*, nasse *sp.* à une entrée (en jonc et en feuilles de ronier tressés) (*cf.* Realia)

lạ̀y — *Nd1*, plat, plan

làgá — *N*, plante cultivée *sp.* à tubercules : taro (?)
cul. Le tubercule est consommé cuit à l'eau ou grillé.

[là·bạ̀ɲ] — *N*, teigne

lààlì — *N*, richesse

lāvɔ̀ (làvɔ̄ɔ̀, lāvɔ̀) — suer

lāā — *N*, natte

lāà (lààa, lāā) — 1. lécher, sucer 2. manger (de la bouillie, du miel)

lāá — formule d'adresse empreinte de respectueuse affection (du petit-fils à son grand-père, d'un enfant à un aîné, et réciproquement)

[lạ́pɪạ̀] — (*de l'arabe*), bonjour!

láv — *A*, 1. vite, rapidement 2. tôt 3. près

láv nī — *fonctionnel*, (près.avec), près de
hìɲ má vàrā ˀɛ̀ɛɲ láv nī ˀém ráāng : //je/laisse+*acc.*/bêche|ma/près de|arbre|celui-là//, j'ai laissé ma bêche près de cet arbre là-bas

láv láv — *A*, (*cf.* . *cf.*), 1. très vite 2. très près

láv láv jɔ̄ɔ̄ — *A*, (vite .vite .ce), tout de suite, sur le champ

láv jɔ̄ɔ̄ — *A*, (vite.ce), maintenant

lándā — *N*, têtard (?)

lálà (lālà, lálà) — mendier, quémander

lánjà — *Nd1*, clitoris (*variante de* láɲ?)

lánjā — *N*, amulette, gri-gri

láɲ — 1. *Nd1*, clitoris 2. *Nd2*, non initiée (en parlant d'une fille)

láɲ yāā bārá — *N*, (*cf.* .femmes.sara), plante sauvage épineuse *sp.* : *Tribulus terrestris* L. (Zygophyllacées)

lágtà (lāgtà,lágtà) — 1. tacher, souiller 2. écraser (du pied, de la main)

lángā — *N*, petit rat de brousse *sp.* (rayé blanc et noir)

lángá — bout, sommet, cime
lángá bò̰ : orteil; lángá sōng : doigt; lángá sōng 'dìì : sixième doigt; lángá ʔàà : Est

lángá dō — *N*, (*cf.* . ?), filet que l'on suspend au plafond de la case et dans lequel les femmes entreposent leurs calebasses

láà nām (lāà,láà) — aller au devant de, à la rencontre de qqn, accueillir, rejoindre

láàm — *cf.* jɔ̄ láàm

láày (lāày,láày) — façonner qqch. en forme de disque ou de boule
láày pānglā : faire des beignets

lɔ̀l — *N*, crachat

lɔ̀gɔ̀ — *Nd2*, sourd

lɔ̀gtɔ̀ — *N*, creux, dos d'âne en creux (sur un chemin, au village)
lɔ̀gtɔ̀ bò̰ : pliure du genou, cambrure du pied

lɔ̀ɔ̄ng — *N*, petit lézard *sp.*

lɔ̄ɔ̀l (lɔ̀l,lɔ̄l) — défricher, essarter

lɔ̄ɔ́gtɔ̄ — *variante de* lɔ̀gtɔ̀

lɔ́gɔ̀ — *N*, argile

lɔ́gɔ̀ — *N*, fourmi venimeuse *sp.*

lòvò — *N*, marabout (cigogne à sac)

lòngò sōng ɲá — *N*, (? .bras.éléphant), trompe d'éléphant (*v. aussi* 'bòlò sōng ɲá)

lòngtòng — se dit de qqch. (branche, membre, etc.) qui pend

lòò — *N*, brousse, herbe
lòò kéré : *N*, (herbe.tourterelle *sp.*), plante sauvage *sp.* : *Gisekia pharnacioides* L. (Molluginacées)

[lò·tòmbī] — *N*, fourmi *sp.*

lóò — *N*, jeu d'équipe rappelant le hockey (deux camps de 4/5 joueurs, chaque joueur disposant d'un bâton. Le jeu consiste à faire passer un noyau de ngòórkúmɔ̀ au-delà du camp adverse.)

lọ́ — étroit et sombre (en parlant d'un trou)

lūú — vie, esprit, âme

[lúlǎ·dē] — *N*, (*composé probable* : lúlà.[ré].dē, / ? .*dét.* .en haut/), ciel
lúlàádē sīm : /ciel/s'assombrit+*inacc.*/, le ciel s'assombrit

lúlú — *N*, chaleur de la terre

lúlú mbārá — *N*, (*cf.* . ?), tourbillon
lúlú mbārá ʔāng kōró kānā : /tourbillon/jette+*acc.*/*Sorghum sp.*/complètement/, le tourbillon a renversé tout le mil kōró (du séchoir)

lúgú — *N*, jeu *sp.*
ethn. Il demande deux joueurs, A et B. L'un d'entre eux, soit A, fait d'abord 6 (ou 8) petits tas de terre. Puis il trace sur le sol une spirale (ou une série de cercles concentriques) sur le trait extérieur de laquelle chacun dépose un caillou. Enfin, A cache, à l'insu de B, un morceau de charbon dans un des tas de terre. Et le jeu commence. B désigne à A trois tas au plus. Si le charbon se trouve dans un des tas indiqués, B fait avancer son caillou d'un cercle sur la spirale. Sinon, c'est à A de le faire et, donc, de nouveau à lui de dissimuler le charbon... Le premier arrivé au centre de la spirale a gagné.

r

rī-rì
(rì,rī)

rentrer chez soi, au village
há rī vɔ̀rɔ̀ nī rɔ̀mɔ́ : /il/rentre+*acc.*/hier/avec|soir//, il est rentré hier soir

rīí

N, grenouille *sp.*

rīí nɔ́n

Nd1, (? .oeil), iris
rīí nɔ́n ré bíí : pupille; rīí nɔ́n ré tɔ̄ɔ̄-rɔ̄ : blanc de l'oeil

rīím

cf. dɔ̄ rīím

rív

N, arbre *sp.* : *Annona senegalensis* PERS. (Annonacées)
croy. Si l'on dépose un rameau de rív, une tige de tērēm et une de kɔ̰̀ kūū à l'entrée d'un champ de mil, les éléphants n'y pénètrent point.

ríyà
(rīyà,ríyà)

partager qqch. en deux (ou en plusieurs parts) dans le sens de la longueur
ndàà dīí ríyà gálà sūū (PROVERBE) : /cheval|deux/partagent+*acc.*/entrejambe|Sou//, les deux chevaux ont partagé en deux l'entre-jambe de Sou ("il ne faut pas courir deux lièvres à la fois")

rîì
(rīī,ríí)

1. pousser des youyou (pour exciter ou féliciter)
2. hennir

rè

fonctionnel, dans, sur, à, vers
há rà kálà rè yāng : /il/met+*inacc.*/calebasse/ -| case//, il met la calebasse dans la case; há pɔ̄r jūù rè dānā ʔàà : /il/creuse+*acc.*/puits/ -| milieu|concession//, il a creusé un puits au milieu de sa concession; vāā tānā tínī pɔ̄g rè sàng mīɲ : /homme/pousse+*acc.*/pirogue/ -| intérieur|eau//, l'homme a poussé la pirogue dans l'eau

rè

modalité verbale marquant le futur, le présent gnomique, l'habituel, l'obligatif (?)
hâà yē ɲíí ʔáyá : /il+*futur*|vient+*inacc.*/après-demain//, il viendra après-demain; vāā kólō ré nām ʔîì rè ndɔ̄g rē (PROVERBE) : /enfant|oiseau|*dét.*|bouche|être plein/*présent gnomique*|engraisse+*inacc.*/*négation*//, le petit oi-

seau qui crie trop fort n'engraisse pas; dìr rè ndɔ̄g rē : /mouche/*présent gnomique*| fait du miel+*inacc./négation*/, les mouches ne font pas de miel; ndéé jɔ̄ɔ̄-rɔ́ rē nī jɔ̄ɔ̄ hâà hāà ndéé : /gens/aiment+*acc.*-lui/*négation*/ parce que/il+*habituel*|médit+*inacc.*/gens/, les gens ne l'aiment pas parce qu'il passe son temps à dire du mal d'autrui

rèɲ — *contraction de* hìɲ rè-*modalité verbale*

rèy — *contraction de* hìy rè-*modalité verbale*

rèēɲ — *contraction de* hìɲ rē-*copule*

rèēy — *contraction de* hìy rē-*copule*

rē — 1. *auxiliaire de prédication*
rē bàā nâàɲ ré lēlē : /*aux.préd.*| soeur+ma‖*dét.*|aîné/, c'est ma soeur aînée
2. *copule*
nò rē vāā ré lēlē (PROVERBE) : /pauvreté/*copule*|humain|*dét.*|aîné/, la pauvreté est une aînée (et, comme telle, on doit la respecter); rāàv māɲ rē bàābò lúláádē : /éclair/*copule*|beaucoup/ciel/, il y avait beaucoup d'éclairs dans le ciel

rē — *A, négation*
yà tē bínà rē tɔ̀ng : /nous *exclusif*/allons+*acc.*/Bouna/*négation*/encore/, nous ne sommes pas encore allés à Bouna

rē — *variante morphologique de* rè-*fonctionnel* (*le verbal de rattachement est à l'impératif ou à la forme verbo-nominale*)
rā lāā rē rūū : /pose!/natte/ - |sol/, pose la natte par terre!

rēvē — *Nd2*, vieillesse
há sī nī rēvē-rɔ́ : /il/meurt+*acc.*/avec vieillesse-sa/, il est mort vieux

rēɲ — *N*, plantes sauvages *sp.*
rēɲ ré vōō : plante *sp.*; rēɲ ré táná : plante *sp.*, *Tephrosia bracteolata* GUILL. et PERR. (Papilionacées) (utilisée en vannerie)

ré — *déterminatif*
ndéé gē ré sàng ʔàà ndàà nɡ̄ : /gens|*pl.*‖*dét.*|intérieur|village/dament+*inacc.*/piste/, les villageois dament la piste; ré hāàm dīí : deuxième; ré hāàm tāà : troisième

ré — *variante morphologique de* rē-*copule* (*le prédiqué est un dérivé?*)
dàng kólō ré tōō-rɔ̄ : /plumes|oiseau/*copule*|blanc/, les plumes de l'oiseau sont blanches

ré-rì (rē, ré) — gonfler, enfler (*v. aussi* ʔîìɲ, ʔāgrì); croître, pousser
ré-rì ndàyā : témoigner en faveur de qqn; há réèɲ ndàyā : /il/gonfle+*acc.*+moi/raison/, il a témoigné en ma faveur; ré-rì ʔór : mettre le feu à, brûler

régtì
(rēgtē,régtē) grossir, devenir gras

réng *Nd2*, étroit, très mince

rā-rì
(rà,rā) mettre, poser, déposer
rā-rì nàām : poser une gouttière (autour d'un membre fracturé); rā-rì sè jī-rì búr : (*lit.* "mettre qqch. [qui] reste dans le ventre") empoisonner; rā-rì jī-rì búr : avoir de la rancune; garder une dent contre qqn; rā-rì gìtì : commencer

rā-rì
(rà,rā) prendre; ramasser (ce qui est à terre)
rā-rì nām yē : (*lit.* "prendre le bout [?] de [son] corps") se vanter; bèré rā-rì nām yēèy : vantard; rā-rì jàà : gagner de l'argent

rā-rì nām
(rà,rā) féliciter (*v. aussi* dēè nām, jōò nī jōō/sàng)
há rà nām-ɔ́ sàng séɲ ?ùú : /il/ - +*inacc.*.bouche-sa/intérieur|travail|son/, il le félicite de son travail

rāy *A*, exprès, de propos délibéré

rāng *N*, plaie, blessure
rāng jɔ̄ : morsure de serpent; rāng yēē : morsure de chien

rāàv
(ràv,rāv) tourner la tête, regarder derrière soi (sans tourner le corps)

rāàv māɲ *N*, (? .pluie), éclair

ráâg
(rāg,rág) se tenir (debout), rester

ráāng *déictique*, ce...qui est debout là-bas (loin du locuteur)

rɔ̀mɔ́ *N*, soir
nī rɔ̀mɔ́ : le soir

rɔ̀gɔ̀ *N*, arbre *sp.* : *Terminalia sp.* (Combrétacées) (il est utilisé dans la charpente des cases)

rɔ̄-rì
(rɔ̀,rɔ̄) 1. dormir
rɔ̄-rì ɲíí yē : (*lit.* "dormir sur son corps") être imprévoyant; bèré rɔ̄-rì ɲíí yēèy rē : personne prévoyante
2. habiter

rɔ̄g *Nd1*, cou, gorge

rɔ́ɔ̂g
(rɔ̄g,rɔ́g) accompagner, raccompagner qqn

rɔ́ɔ̄ *déictique*, ce...qui est debout ici (près du locuteur)

[ɾɔ̄̀ɲ]
([ɾɔ̀ɲ,ɾɔ̄ɲ]) 1. enlever le premier son du mil 2. plumer (un animal), arracher (des cheveux)

[ɾɔ̄̀y]
([ɾɔ̀y,ɾɔ̄y]) rêver
rɔ̄̀y ɲíí : rêver de

rōòng (ròng,rōng) — creuser, faire un trou circulaire (un puits, etc.)

rō̰ — *N*, (*de* rō-rì), sommeil

rùndú — *N*, rond, cercle

rùgū — *N*, lézard *sp.*

rùúng — *N*, courge *sp.* : *Cucurbita Pepo* L. (Cucurbitacées)

rūū — *N*, sol, terre; terre (matière)
ɲíí rūū rè sī mbɔ̀g ré mbɔ̀g : /dessus|terre/*futur*|reste+*inacc.*/toujours|*dét.*|toujours/, la terre est de toute éternité

rútútú — *fonctionnel*, jusqu'à (*v. aussi* 'bákáká, bátí, mâârvâây, gìrí)

rúú — *Ndl*, voix

rúú — *verbal*, être bien écrasé (en parlant du produit du pilage)
nɔ́n sè ʔàá súú yā rúú ngáɲ : //grain|chose≠*rela*...+elle/pile+*acc.*/...*tif*≠est bien pilé/beaucoup//, les grains qu'elle a pilés sont vraiment bien écrasés

rúù (rūū,rúú) — semer (mil, coton, arachide, pois de terre, haricot, etc.) en mettant quelques graines dans les poquets

rúûng (rūng,rúng) — être profond
jūù rúng : //puits/est profond//, le puits est profond

S

sìm	odeur
[si̤mkìrí]	*N*, hépatite, ictère
sìɲ	chair (*v. aussi* nīng) sìɲ nīng : *même sens*
sìsîìɲ	*variante de* sèsîìɲ
sìɲá	*N*, arbre *sp.* : *Ficus sp.* (Moracées) (le fruit est consommé cru)
sìī	*A*, dehors
[sīpō̤ŋ] ([sìpō̤ŋ,sīpō̤ŋ])	(*composé probable* : sī.pōng), oublier ɲíí-nà sīpōng tí ʔàà ʔīɲ yā : /tête-ma/oublie+*acc.*/parole≠*rela*...+tu/dis+*acc.*/...*tif*/, j'ai oublié ce que tu as dit
sīlísīlí	*N*, (*composé probable* : sīlí.sīlí), sauterelle *sp.*
sīlà ([sìlɛ̀·],sīlà)	pousser, bousculer, renverser
sī-rì (sì,sī)	mourir
sīɲ	*N*, 1. tige (d'une plante), canne sīɲ yē : taille, apparence (d'une personne); sīɲ yūú sāɲ : /tige|corps+son/est bien/, elle a une belle taille, elle est bien faite 2. sorghos à sucre *sp.* sīɲ bìì : *N*, (- .brousse), *Sorghum mellitum* SNOWDEN var. *mellitum* SNOWDEN (Graminées) sīɲ ndìlà : *N*, (- .saison sèche), sorgho à sucre *sp.* *cul.* On en tire de la bière. La tige est mâchée comme friandise.
[sīkà̤]	*interrogatif*, comment?, de quelle façon? hà yìì dāā sīkà : /tu/prépares+*inacc.*/boule/comment/, comment prépares-tu la boule?
sīngí	*Nd2*, acide, âpre

sīī — *N*, (*de* sī-rì), mort; la mort
sīī rọ̄ : maladie du sommeil (trypanosomiase)

sīīrì — *N*, (*de* sīī?), esprit des morts

sīìɲ (sìɲ,sīɲ) — 1. s'écarter, laisser le passage
sīìɲ gàyà : pousser, se déployer (en parlant des branches d'un arbre)
2. pondre (des oeufs)

sím-í — *Nd2*, (*de* síîm), noir, obscur, sombre, de couleur sombre (noir, marron, bleu, vert, etc.)

sínà...nī (sīnà,sínà) — 1. ressembler à, être comme, être aussi...que...
há sínà bọ̄ọ́ nī : /il/ressemble+*acc.*/père+son/avec(?)/, il ressemble à son père
2. (*en début de phrase*),il semble, on dirait que
sínà há yé nī : /on dirait que/il/vient+*acc.*/avec(?)/, on dirait qu'il est venu

síldí — *N*, (*emprunt o.i.*), selle

sí-rì (sī,sí) — 1. rester, être
há sī sàng yāng ʔùú : /il/reste+*inacc.*/intérieur|case| sa/, il est dans sa case; sī nī sûu : /reste+*inacc.*/ avec| ? /, c'est mieux!
2. être couché

sígì (sīgì,sígì) — lisser l'argile (d'une poterie fraîche)

sígrì (sīgrī,sígrī) — 1. prêter 2. emprunter

síîm (sīm,sím) — 1. s'assombrir, s'obscurcir, noircir, être noir
jóng sím : /lieu/s'assombrit+*acc.*/, il fait sombre, il fait nuit
2. mûrir (en parlant notamment des fruits de vánā, sōn et kíbānā́)

síîv (sīv,sív) — boucaner (la viande, le poisson)

síîɲ (sīɲ,síɲ) — consoler
síîɲ dàr : séparer ceux qui se battent, s'interposer

síīɲ — *déictique*, ce...qui est couché, allongé là-bas (loin de celui qui parle)

sè — *N*, chose, quelque chose
sè mbāā : bagages; sè dìvā : héritage (ce dont on hérite); sè ʔāg-ā : jouet; sè ndɔ̀g-ɔ́ : /chose/rend fou-lui/, il est fou; sè gānì : partage, répartition

sèv — *A*, tout droit, en droite ligne, directement

sèl — *N*, miettes de grains de mil que l'on incorpore, une fois bouillies, à la farine lors de la préparation de la boule

sèlēng ngìì — *Nd1*, (? .dent), canines, crocs (d'un chien, etc.), crochet (d'un serpent)

sèsîìɲ	*N*, moustique *sp.*
sèngleèng	long et arrondi, en ogive
sèè	*N*, larve, asticot
sèè	*Nd2*, neuf, nouveau
sèèrā	*N*, vent
sèèyá	*A*, cette année
sēvē	rancune
sēē	*N*, jonc *techn.* Très utilisé en vannerie et notamment dans la confection de nattes, du grenier à mil, du rideau pálpàl, de la gibecière à poisson (mbòō), du bouclier (mbógò), de la nasse làvō, des paniers dúúrù et kúrú.
sēè (sèè,sēē)	secouer, battre qqch. avec un bâton pour en chasser la poussière sēē lāā sēē ré sèè : ‖secoue!/natte|jonc‖*dét.*|neuf‖, secoue la nouvelle natte de jonc!
sēèm (hádìsó) (sèm,sēm)	éternuer
sé	en bas, inférieur
sé-rì (sē,sé)	pleuvoir māɲ sē : ‖pluie/pleut+*inacc.*‖, il pleut
séɲ	*N*, travail
ségé-rì (sēgé,ségé)	se coucher, s'allonger
séé-rá	(*de* sêe "plaire"?), *cf.* yō séé-rá
sêe (sēē,séé)	plaire
sêe (sēè,sêe)	briller, être brillant
sêem (sēm,sém)	envoyer (qqn)
sêev (sēv,sév)	attacher, ficeler (un chaume, le pied d'un séco, etc.); corder (pálpàl, mbòō, gòrò)
sêen (sēn,sén)	*variante de* sôon
sêeg (sēg,ség)	porter, transporter há sēg kʷēy ɲú-nɔ́ : ‖elle/porte+*inacc.*/fagot/tête-sa‖, elle porte le fagot sur la tête

sḛ̂ḛ̀
(sḛ̄,sḛ́) — *variante de* tḛ̂ḛ̀

sàtā kàm — *N*, (? .sagaie), sagaie dont l'extrémité du manche opposée à la lame est armée d'un bout de fer servant à creuser des trous, fouiller les tanières, etc. (*cf.* Realia)

sàlām būù — *N*, (? .poule), coq

[sạ̀ɾɪạ̀,sạ̀ɾɪ́ạ̀] — *N*, (*emprunt o.i.*), jugement

sàɲ — *A*, (*de* sāɲ), bien

sàɲ-á — *Nd2*, (*de* sàɲ), beau, bien, bon

[sạ̀kạ̀ɾạ̄ǹ] — *N*, (*de l'arabe*), cram-cram : *Cenchrus biflorus* ROXB. (Graminées)

sàng — *Nd1*, intérieur (de qqch.)
sàng mbìtì : vagin

sàng — *néo-fonctionnel?*, (*du mot précédent*), dans, sur

sàng-á — *A*, (*de* sàng), dedans

sàng ˀòō...yā — *subjonction*, (intérieur.*relatif*), lorsque, quand, pendant que, tandis que (*v. aussi* hǫ̀ ˀòō...yā)

sàà — 1. *N*, haricot
sàà bíí (- .noir), sàà bāná (- . ?), sàà tōō-rō (- .blanc) : *N*, haricots *sp.*, *Vigna catjang* WALP. var. *sinensis* ENDLER (Papilionacées)
cul. Consommés tels quels, crus ou cuits, ou encore sous forme de boule (dāā sàà) avec de la farine de ndērī (pàrì, dāā ngòōngɲògē) ou de manioc. Ils sont aussi utilisés dans la préparation des sauces yɔ̀g 'bɔ́tɔ̄ et yɔ̀g bɔ̄r.
sàà gòtò : *N*, (- .pigeon *sp.*), haricot sauvage *sp.*
2. *Nd1?*, rein

sàá nī dǝ̀ héèɲ sú — *N*, (haricot.avec.huile.que+je.mange+*acc.*), petite mouche *sp.* bourdonnante et de couleur jaune (*onomatopée*)

sāvɔ̀
(sàvɔ̄ɔ̀,sāvɔ̀) — montrer du doigt, désigner, viser qqn, qqch., viser (à l'aide d'un fusil)

sā-rì
(sà,sā) — écarter
sā-rì dānā, sā-rì sàng: séparer, écarter; ouvrir par le milieu; sā-rì nǝ̄ : se frayer un chemin

sārì — *numéral*, cinq

sārì mɔ̀n — *numéral*, (*cf.* . ?), six

sānjà — *N*, (*emprunt o.i.*), chaussure, sandale (*v. aussi* màrkḛ̂ḛv, sāā)

sāɲ — *verbal*, est bien, beau, bon
kīvī ˀàá ˀēē yā sāɲ : //vêtement#*rela*...+il/achète+*acc.*/...*tif*#est bien//, le vêtement qu'il a acheté est beau; sāɲ nī jōō : (*en début de phrase*) il serait bien que, il faut que

sāgà — *N*, arbre *sp.* (le fruit est consommé)
sāgà gōlō : *N*, (- .lion), arbre *sp.* (les lions,dit-on, se reposaient souvent à son ombre)
croy. Lorsque quelqu'un a tué un python (jɔ̄ ngāārà), il doit, pour écarter l'esprit du serpent, déposer à la fourche du chemin un rameau de sāgà gōlō, une termitière et des feuilles de jonc. Sinon, la maladie le rendra bossu et s'il attend un enfant, celui-ci naîtra avec les jambes paralysées.

sāgà — *N*, champignon comestible *sp.*

sāā — *N*, (*réduction de* sānjà?),chaussure, sandale (*v. aussi* màrkēēv et sānjà)

sāàv (sàv,sāv) — couper, tailler en frappant (à l'aide d'un couteau, d' une hache, d'un coupe-coupe)
sāàv bɔ̀g : faire des poquets (au moyen de vàrā ʔém ou de háyà); sāàv gāā : scarifier (*v. aussi* tīì)

sátígà — *N*, (*emprunt o.i.*), sacrifices funéraires (*v. surtout* kūjú)

sánì (sānā,sánā) — délayer dans l'eau chaude (farine, etc.)
sánì gàà : faire la bouillie

ságá — *N*, 1. escargot *sp.* 2. toupie faite avec la coquille

sángá — *cf.* kátà sángá

sángán — *N*, maladie éruptive *sp.* : varicelle? rougeole?

sáàm — *N*, arbre *sp.* : *Prosopis africana* (G. et PERR.) TAUB. (Mimosacées)
méd. Pour soigner la variole(?), on mâche des feuilles crues et on les crache à la figure de celui qui en est atteint.

sáàng (sāng,sáng) — préparer, cuire, faire cuire

sáàng (sāng,sáng) — trembler (de peur, etc.), grelotter

sə̰̄ — *N*, mortier

[sə̰̄·nā̰] — (*de* sə̰̄ə̰̀?), repousses de plante cultivée (sə̰̄-nā kàmsà, sə̰̄-nā kōró, sə̰̄-nā sɔ̄ɔ̄ dìm, etc.)

sə̄ə̀ (sə̰̃,sə̰̄) — regretter
há sə̰̀ nī jɔ̄ɔ̄ há yé nī ʔà̰ɲā rē : //il/regrette+*inacc.*# parce que/il/vient+*acc.*/avec| nous/*négation*//, il regrette de n'être pas venu avec nous

sɔ̀n — *N*, sésame
sɔ̀n pùū : *N*, (- . ?), *Sesamum radiatum* SCHUM. (Pédaliacées)
sɔ̀n bíí : *N*, (- .noir), sésame *sp.*
sɔ̀n tɔ̄ɔ̄-rɔ̄ : *N*, (- .blanc), *Sesamum indicum* L. (Pédaliacées)

cul. La farine de sésame est utilisée notamment dans la préparation de la sauce yɔ̀g mbītī. On fait de l'huile avec sɔ̀n tō̄ō-rɔ̄.

sɔ̀lɔ̀ — sommet (d'un monticule, d'une termitière, etc.)
sɔ̀lɔ̀ mbúr : bout du nez

sɔ̄rɔ̄ng — *N*, poisson *sp.* : *Ophiocephalus obscurus*

sɔ̄rɔ́ — *Nd2*, vert (par opposition à sec), frais
há ˀèè jí ré sɔ̄rɔ́ : //elle/achète+*inacc.*/poisson|*dét.*| frais//, elle achète du poisson frais

sɔ̄rɔ́ sɔ̄rɔ́ — *Nd2*, (*cf.* . *cf.*), très vert, très frais
tē sàng sɔ́g kɔ̄r ré sɔ̄rɔ́ sɔ̄rɔ́ : //va!/intérieur|oreille. plante|*dét.*| verte.verte//, que Dieu te garde! (*lit.* "va sur/dans les feuilles très vertes") (*cf.* tē-rì)

sɔ̄g — *N*, sel
sɔ̄g ngélē : natron

sɔ̄g ɲò — *N*, (sel. ?), sel indigène

sɔ̄ɔ̀r
(sɔ̀r,sɔ̄r) — 1. attacher solidement, ligoter
sɔ̄ɔ̀r bīɲ ɲíí : lier, nouer les cheveux à la mode centrafricaine (coiffure à tortillons)
2. mettre au linceul

sɔ́-rì
(sɔ̄,sɔ́) — récolter, cueillir en grande quantité (notamment des fruits)

sɔ́-rì
(sɔ̄,sɔ́) — piler le mil pour dégager le deuxième son

sɔ́-rì (ɲíí)
(sɔ̄,sɔ́) — mettre l'épi (en parlant du mil) (*v. aussi* bɔ̄ɔ̀r)

sɔ́-rì yɔ̀g
(sɔ̄,sɔ́) — préparer la sauce yɔ̀g sɔ́-rì
cul. On fait bouillir du poisson pendant une demi-heure environ. Puis on y ajoute de la farine d'arachide ou de sésame et, après avoir bien remué, de l'huile, du sel et du piment. On laisse cuire le tout pendant une dizaine de minutes.

sɔ́g — *Nd1*, 1. oreille 2. feuille
sɔ́g kɔ̄r : *id.*
3. rebord, oreille, mamelon d'un récipient

sɔ́ɔ̄ — *déictique*, ce...qui est couché, allongé ici (près de celui qui parle)

sòmō — *N*, couteau (*v. aussi* kùtōò)

[sòlɪò] — grand, gros et pointu; long et pointu (en parlant d'un couteau)

sòròrò — grand et pointu, long et fin

[sòŋgʷèy] — *N*, sagaie à fer barbelé (*v. aussi* gàgà) (*cf.* Realia)

sōn — *N*, karité : *Vitellaria paradoxa* GAERTN. (= *Butyrospermum Parkii*) (Sapotacées) (*cf.* mbɔ̀r)

sō-rì (sò,sō)	appeler
sōng	*Nd1*, 1. ramification sōng ʔém : branche d'arbre 2. main, bras sōng ʔîiv : être adroit, avoir la main sûre
sōng	*néo-fonctionnel?*, (*du mot précédent*), 1. de la main de, par l'intermédiaire de 2. comme, à la façon de há ʔɔ̄lɔ̀ mīɲ sōng jí : //il/nage+*acc.*/eau/comme|poisson//, il a nagé comme un poisson
[sōŋàˑsíɲ]	(*composé probable* : sōng. ? .síɲ, /comme. ? .ce...là/), comme cela, de cette façon (comme je t'*ai* montré) (*v. aussi* gìrī)
sōō	*N*, pois de terre : *Voandzeia subterrannea* THOUARS (Papilionacées)
sōō bo̰	*Nd1*, (soulève!.jambe), cheville (*v. aussi* sōō kāsā)
sōō dìm	*N*, (pois de terre.baguirmien), arachide : *Arachis hypogea* L. (Papilionacées)
sōō kāsā	*Nd1*, (soulève!.jambe), cheville (*v. aussi* sōō bo̰)
sōò (sōò,sōō)	soulever qqn, qqch.
sōò (sòò,sōō)	donner des biens compensatoires au lignage de sa future femme (*fr.loc.* "doter une femme")
sōò (sòò,sōō)	distiller le manioc
[sólɪó]	petit et pointu
sórò (sōrò,sórò)	baisser, abaisser (un habit)
sórò (sōrò,sórò)	(s') approcher
sóróró	1. *N*, escargot *sp.* 2. petit et pointu
sóngò (sōngò,sóngò)	suivre
sôòn (sōn,són)	1. trouver, retrouver 2. posséder 3. recevoir
sôòr (sōr,sór)	1. lancer (sagaie, harpon) 2. percer, transpercer sôòr jɔ̀gɔ́ : jeu de garçons (*lit.* "transpercer *Citrullus vulgaris*") *ethn.* Il se joue à deux équipes de 4 à 6 membres chacune. Les deux équipes commencent par se mettre sur une seule ligne. Puis on lance un fruit vert de jɔ̀gɔ́ à ras de terre et à quelques mètres des joueurs qui tentent de le toucher à l'aide d'une petite lance (yɔ̄rɔ̄) faite d'une tige de bɔ̄r taillée en pointe. Dès qu'un des participants y

parvient, ses co-équipiers s'arrêtent de tirer. Si ceux de l'équipe adverse n'ont pas réussi à toucher jɔ̀gɔ́ lorsqu'il cesse sa course, ils prennent les lances des gagnants et font un nouvel essai. Qu'ils atteignent jɔ̀gɔ́ et la partie est annulée. Sinon, les gagnants se partagent toutes les lances, montent sur le dos des perdants et, s'approchant à 2/3 mètres de jɔ̀gɔ́, tirent à nouveau tandis que leur "monture" essaie d'attraper ou de détourner yɔ̄rɔ̄. Quel qu'en soit le résultat, la partie est finie.
3. piquer (guêpe, abeille, scorpion) 4. fondre sur sa proie (en parlant d'un oiseau)

[sō̰·ʔà˕síɲ̄] *variante de* sōngàāsíɪ̄ɲ

[sō̰·sɔ́ɪ̄] (*composé probable* : sō(ng). ? .sɔ́ɔ̄, /comme. ? .ce...ci/), comme cela, de cette façon (comme je suis *en train* de te montrer) (*v. aussi* gìrī)

sùngó *N*, devinette
sùngó sùngó : formule par laquelle débutent les devinettes
Q. māɲ yōó nàá kèrē dàr *R.* bìnā ré nām kāsārā : *Q.* //pluie/frappe+*acc.*+lui/et+il/fait+*inacc.*/colère//, la pluie l'a frappé et il se met en colère? *R.* /son du mil|*dét.*|dessus|séchoir/, le son du mil posé sur le séchoir

sùù *N*, tamarinier : *Tamarindus indica* L. (Césalpiniacées)
cul. La décoction de fruits est utilisée dans la préparation de la bouillie (gàà).
techn. Pour fixer le kaolin dont on tapisse l'intérieur des calebasses kálà, on les lave avec du décocté de feuilles.
On se sert du bois pour le manche des houes, bêches et haches.

sūgù *N*, fourmi *sp.*

sūū *N*, 1. Sou (dans la mythologie day, il paraît être à la fois créateur des hommes et héros civilisateur) 2. (chez les chrétiens) Satan
bèré sàng sōng sūū : /qqn+*dét.*|intérieur|main|Sou/, païen, qui ne croit pas dans le dieu des chrétiens

sūū *N*, (*de* sō-rì?), appel

sūū *N*, conte
sūū sūū : conte de Sou; conte
sūū sūū tārèè : formule par laquelle on commence un conte (l'assistance répond alors : ʔɪ̰̄, "oui")

sūū tí *N*, (Sou.parole), proverbe (*v. aussi* kōló tí)

súr *Nd1*, front

sú-rì (sū,sú) manger (*v.* yī-rì dāā)
sú-rì mbàrà : gagner au jeu de mbàrà

súrú — (*de* sí-rì?), *cf.* ?ém súrú

súkùr — *N*, (*de l'arabe*), sucre

súgù (jūū) — *N*, masse oblongue de fer servant de marteau au forgeron (*cf.* Realia)

súgū — *N*, marché

súgú — *N*, hoquet

súgtù (sūgtù,súgtù) — 1. frotter 2. froisser pour assouplir (une peau)

súngnú — (*de* *sûung?), cicatrice, marque laissée par une blessure
súngnú rāng ?ór sí yūú : //marque|blessure|feu/reste+*acc.*/corps+son//, il garde la marque de la brûlure

súú — *N*, (*de* sûù?), pilon

sûù (sūū,súú) — 1. piler en farine 2. heurter, cogner

sûun (sūn,sún) — 1. faire cuire l'argile (une poterie) sur le feu 2. faire périr un arbre en brûlant des fagots à son pied (*v. aussi* dɔ̄ɔ̀r)

j

jìrì — *N*, petit mil sauvage *sp*.

jìɲ — *N*, froid
dūū jìɲ : saison froide; jìɲ ʔám sèèyá rē : /froid/tue+ *acc.*/cette année/*négation*/, il n'a pas fait froid cette année

jìngā — *N*, plante sauvage *sp*.

jìì — *N*, initiation des filles

jī-rì (jì,jī) — être, rester; s'asseoir (*v. aussi* jēgé-rì)

jīnī — *N*, lézard *sp*. (*fr.loc.* "margouillat")

jīnī mōó — *N*, (*cf.* . ?), gecko

jīrà — *N*, plante sauvage *sp*.
cul. Les fleurs, bouillies puis séchées, entrent dans les sauces yòg 'bɔ́tɔ̄ et yòg bɔ̄r. Avec les feuilles vertes qu'on pile d'abord puis qu'on fait cuire avec de la viande, du sel et des condiments, on obtient la sauce yòg jīrà.
jīrà ɲá : *N*, (- .éléphant), arbuste *sp*.
méd. La macération de racines est réputée soigner l'hépatite.

jīɲ — *N*, poisson *sp*. : *Protopterus annectens*

jīɲ — *déictique*, ce...qui est assis, posé là-bas (loin de celui qui parle)

jīì (jìì,jīī) — ramasser, prendre (*v. aussi* dūù, kāà)

jí — *N*, poisson
jí mbásā : *N*, (- .arbre sacré), poisson *sp*.
jí yēē : *N*, (- .chien), poisson *sp*. (à dents apparentes) : *Hepsetus odoe*

jíìng jīng,jíng	nettoyer jíìng mbúr : se moucher (*v. aussi* tẹ̃ẹ̀ mbúr); jíìng dẹ̀ : s'oindre d'huile de karité (pour les hommes surtout)
[jēmbē]	*N*, caracal
jēgé-rì (jègé,jēgé)	rester; s'asseoir (*v. aussi* jī-rì)
jēē-rā	*Nd2*, (*de* jēè), mou, tendre, souple
jēè (jèè,jēē)	(s')assouplir, (s')attendrir, (s')amollir jēè lémlém : devenir, être très mou; mīɲ yàv ná bāngàv jèè : /eau/bout+*inacc.*/alors/patate douce/s'attendrit+*inacc.*/, quand l'eau bout, les patates douces s'attendrissent
jém	*N*, (*de l'arabe*), mors
jé-rì (jē,jé)	voler; tricher (au jeu)
jéé-rá	*N*, (*de* jé-rì), vol bèré jéé-rá : voleur
jéy	*N*, rasoir, lame fine et tranchante jéy jìì : rasoir à excision (clitoridectomie)
jéy rɔ̄g	*Nd1*, (*cf.* .gorge), luette
jéy jɔ̄r	*Nd1*, (*cf.* .tronc), sternum, haut du sternum; bréchet
jéèɲ (jēɲ,jéɲ)	aller, partir (*v. aussi* tē-rì) mɔ́ jéɲ gōō : /ils/vont+*acc.*/chasse/, ils sont allés à la chasse
jàvɔ̄	*N*, herbe sauvage *sp.*
jàlà	*N*, liane *sp.*
jàlàsà	*A*, longtemps, il y a longtemps (de plusieurs heures à plusieurs années)
jàlàsā	*variante morphologique de* jàlàsà (*en début de phrase*)
jàláng	vésicule biliaire, bile
[jạ̀jẹ̀·]	*N*, gengivite (?)
jạ̀ɲ	*N*, genette
jàg	*N*, insulte
jàgtà	*Nd2*, (*de* jágtà?), dégradé, détérioré, en mauvais état
jàngà	rivalité; rival
jàngà bèē	*N*, (*cf.* .jeune [en parlant d'une femme]), jeune fille
jàngà bɔ́r	*N*, (*cf.* .jeune [en parlant d'un homme]), garçon, adolescent (de 10 à 14 ans)

jàà — *N*, 1. couteau de jet (*v. aussi* jàà ré rɔ̄g)
jàà bíngí : couteaux de jet miniatures qui, jadis, servaient de monnaie
2. argent (*v. aussi* gúrsù)
jàà gìtì : dot compensatoire (que l'homme verse à la famille de sa femme)

jàà — *N*, jeu *sp.* (*fr. loc.* "jeu de guidi")
ethn. Se joue à deux personnes. Après avoir fait par terre 36 cavités disposées en carré (6x6), les joueurs plantent chacun tour à tour et dans autant de cavités 4 séries de 3 bâtonnets (jàà ʔém ou noyaux de *Detarium microcarpum*, jàà bo̠ pɔ̄gɔ̄, si les joueurs sont des femmes). Le jeu consiste à essayer d'aligner horizontalement ou verticalement les bâtonnets d'une série en les déplaçant un à un, tout en empêchant l'adversaire d'en faire de même. Chaque fois que l'un y parvient, il prend à l'autre un bâtonnet etc.
jàà bo̠ pɔ̄gɔ̄ : noyau de pɔ̄gɔ̄ utilisé dans le jeu de jàà (les joueurs sont des femmes); jàà ʔém : bâtonnet utilisé dans le jeu de jàà (les joueurs sont des hommes)

jàà ré rɔ̄g — *N*, (couteau de jet.*dét.*.cou), couteau de jet (*v. aussi* jàà)

jàām njòrò — *N*, (? .*Momordica charantia*), sauce *sp.* (à base de poisson séché, de sel et de njòrò)

jàá jɔ̀lɔ̄ — *N*, (? .cobe des roseaux), sauterelle *sp.*

jānī́ — *N*, 1. calebassier *sp.* 2. cuiller à bouillie (*cf.* Realia)

jā-rì (jà,jā) — ramper (en parlant d'une plante)
ngúù jà ɲíí ndògɔ̄ : /*Lagenaria siceraria*/rampe+*inacc.*/dessus|clôture/, le calebassier ngúù rampe sur la clôture

jā-rì (jàg) (jà,jā) — insulter

jā-rì yɔ̀g (jà,jā) — faire la sauce longue yɔ̀g bɔ̄r

jāy — *N*, buffle

[ja̰gē] — *N*, (*composé probable* : jā.gē , / ? .*pl.?*/), chapeau, couvre-chef

jāngā — *N*, bracelet d'ivoire; bracelet

jāā — (*de* jââ*?*), *cf.* yāng jāā

jāàn bārá/ngāmnā (jàn,jān) — mentir (*v. aussi* mbáyà, ngámnà)

jāàr (jàr,jār) — creuser en grattant
jāàr pɔ̄g : pagayer; jāàr bɔ̄g : creuser une galerie (en parlant d'un rat); jāàr jóng : fouiller la terre (en parlant d'un chien, d'une poule)

jámɔ̀ (jāmɔ̀,jámɔ̀)	ne pas faire cas de, mépriser (qqn) (*v. aussi* jágtà)
ján	*A*, 1. doucement, lentement ʔīɲ tí ján : /dis!/parole/lentement/, parle lentement! 2. peu, en petite quantité
ján ján	*A*, (*cf.* . *cf.*), 1. très doucement, très lentement 2. en très petite quantité
ján gìrī	*A*, (*cf.* . ?), peu, en petite quantité
jálá	*N*, petit piment rouge *sp.*
jálá	*N*, bière de mil *sp.* (elle contient de la farine de bà-yógó)
jáɲjáɲ	*N*, (*composé probable* : jáɲ.jáɲ), *intensif* (*attesté seulement avec* táàn)
jág	non (réponse négative)
jágtà (jāgtà,jágtà)	ne pas faire cas de, mépriser (qqn) (*v. aussi* jámɔ̀); négliger (qqch.)
jáà	debout (en parlant de qqch. qui a du mal à le rester et notamment d'un enfant qui apprend à marcher)
jə̄	*N*, tamis jə̄ dām : tamis à bière (à mailles très fines)
jɔ̀lɔ̄	*N*, antilope *sp.* : cobe des roseaux
jɔ̀g	*N*, mare, étang, petit marigot (à l'intérieur du Mandoul pendant les basses-eaux)
jɔ̀gɔ́	*N*, pastèque (ou coloquinte) cultivée *sp.* : *Citrullus vulgaris* SCHRADER (ou *Colocynthis vulgaris* SCHRAD.) (Cucurbitacées) *cul.* Seules les graines sont utilisées : grillées; cuites avec des haricots; en farine dans les sauces yɔ̀g 'bɔ̀ló et yɔ̀g sɔ́-rì notamment; sous forme d'huile.
jɔ̄	*N*, serpent
jɔ̄ láàm	*N*, (*cf.* . ?), couleuvre aquatique *sp.*
jɔ̄ kàkáàng	*N*, (*cf.* . ?), naja cracheur (?)
jɔ̄ ngāārà	*N*, (*cf.* .chef), python
jɔ̄ hàvlà	*N*, (*cf.* .chicotte), serpent venimeux *sp.*
jɔ̄ kúrù	*N*, (*cf.* .plier), maladie infantile *sp.* (forme de rachitisme : les membres se développent normalement mais le tronc ne s'épanouit pas, s'atrophie et le dos devient bossu)
jɔ̄r	*Nd1*, partie supérieure (externe et interne) du corps, de la taille aux épaules

jɔ̄r ré bíí, jɔ̄r ré dúng-nú : foie; jɔ̄r ré tōō-rɔ̄ : poumons

jɔ̄r bíí — (*cf.* .noir), foie (*v. aussi* jɔ̄r dúng-nú)

jɔ̄r tōō-rɔ̄ — (*cf.* .blanc), poumons

jɔ̄r dúng-nú — (*cf.* .rouge), foie (*v. aussi* jɔ̄r bíí)

jɔ̄gɔ̄ dúú — *N*, (? .*Hibiscus asper*), sauce *sp.* (elle est préparée à partir des pépins de dúú)

[jɔ̄·] — *déictique*, ce...qui est assis, posé ici (près de celui qui parle)

[jɔ̰̀njì] — *N*, rat *sp.*

jɔ̀gɔ̀ búr — *Nd1*, (? .ventre), 1. estomac (*v. aussi* ngɔ̀ngɔ̀ búr) 2. saletés que renferme l'estomac d'un animal (et que l'on enlève avant de le faire cuire)

jɔ̄ng — *N*, arbre *sp.* : *Piliostigma reticulatum* (= *Bauhinia reticulata*) (D.C.) HOCHST. (Césalpiniacées)
cul. Le décocté de feuilles est utilisé dans la préparation de la bouillie.

jɔ̄ng — *N*, ankylose, engourdissement
jɔ̄ng mɔ̄-rì : frapper d'ankylose; jɔ̄ng mɔ̄ sāng-à: /ankylose/attache+*acc.*/main-ma/, ma main est ankylosée

jōō — *N/Nd1*, nom

jōō — (*de* jóò "vouloir"), *cf.* nī jōō

jōò (jòò,jōō) — 1. avoir besoin, vouloir, souhaiter, aimer
búr jōò : *même sens*; jōò nī jōō, jōò sàng : féliciter de qqch. (*v. aussi* dèè nām, rā-rì nām)
2. accepter
jōò nī : être d'accord avec

jōò (jòò,jōō) — répondre (à une question)

jóng — *N*, endroit, lieu, étendue
jóng ré ʔúrú : lieu inculte; jóng dɔ̀ : /endroit/chauffe+*inacc.*/, il fait chaud; jóng sīm : / - /s'assombrit+*inacc.*/, il fait sombre, la nuit tombe; jóng sím : / - /s'assombrit+*acc.*/, il fait nuit; jóng ʔāy : / - /s'éclaircit+*acc.*/, il fait clair, il fait jour; tè jóng bīní vā : /va!/lieu/demain/*injonctif négatif*/, ne t'absente pas demain!

jóòn (jōn,jón) — 1. forger 2. fabriquer, créer
jóòn nɔ̰̄ : faire, ouvrir un chemin, une piste
3. aligner (en cercle ou en ligne)
jóòn mbààgē : faire le mbààgē (*v. aussi* gāàn)

jɔ̰̄ɔ̰̀ (jɔ̰̀,jɔ̰̄) — avoir la diarrhée
jɔ̰̄ɔ̰̀ ʔàláng : uriner; jɔ̰̄ɔ̰̀ ʔàláng nī dém : uriner du sang (avoir la bilharziose)

jùgù búr — *variante de* jògò búr

jūū — *N*, forge (celle de Bouna est, semble-t-il, un ancien haut-fourneau) (*cf.* Realia)

jūù — *N*, puits

júng — *N*, 1. gourde *sp.* à appendice naturel 2. gourde (à boire)
júng gōlō : trompe oblongue en júng dont se servent les hommes-lion pour imiter le rugissement du lion

júng-nú — *Nd2*, (*de* júùng), long (en parlant du temps; de la taille de qqn), grand, haut

júng sōng — *Nd1*, (*cf.* .bras), avant-bras

júù (jūū,júú) — 1. pleurer 2. beugler; bêler; chanter (coq); etc.

júùr (jūr,júr) — vomir

júùng (jūng,júng) — grandir; être grand, long (en parlant du temps)

nj

njìgtì	*Nd2*, dense, serré, compact
njìgtì gē	*N*, (*cf.* . *cf.*), groupe d'étoiles *sp.*
njīlī	*N*, arbuste *sp.* : *Carissa edulis* VAHL. (Apocynacées) *méd.* L'infusion de racines est réputée soigner le rhume des nouveaux-nés.
njívà (njīvà,njívà)	déranger, importuner
njílà	*N*, arbre *sp.* : *Piliostigma reticulatum* (D.C.) HOCHST. (Césalpiniacées) (?) *cul.* On fait une sauce, yɔ̀g sɔ́g njílà, avec les feuilles. *techn.* La graine du fruit est utilisée pour lisser l'argile des poteries fraîches.
njíríí	*Nd2*, égoïste; avare
njíìr tōr (njīr,njír)	cracher (entre les incisives, par pression de la langue sur les dents)
njéng	*A*, *intensif* (*attesté seulement avec* lēèl)
njéng njéng	*A*, (*cf.* . *cf.*), *intensif* (*attesté seulement avec* lēèl) ɲú-nɔ̀ lēl njéng njéng : /tête-ta/grandisse!/longtemps. longtemps/, longue vie à toi! (*cf.* tē-rì)
njȩ̀	*N*, saleté, crasse
njàtà	*N*, nid (d'oiseau)
njàgá	*N*, canard
njālā	*N*, (*emprunt probable*), pantalon (*v. aussi* [pà̰tàḷṑ̰·])
njāàv (njàv,njāv)	brûler, calciner, carboniser
njátí	*A*, *intensif* (*attesté seulement avec* ʔāày)

njángnā	*N*, derrière (?) (*attesté seulement dans la numération*) (*v. aussi* ʔə̰̄) mò nī njángnā ré dīí : /dix.avec.derrière.*dét.*.deux/, douze
njə̰̄	*N*, mangouste
njɔ̄g-ɔ̄	*Nd2?*, (*de* njɔ̄ɔ̀g), pourriture
njɔ̄ɔ̀g (njɔ̀g,njɔ̄g)	pourrir
njòrò	*N*, autre nom de gìndɔ́gɔ̀ ɲíí ndògō

ɲ

ɲìmí — *N*, souris des habitations

[ɲìɲā̀·] — *N*, (*emprunt?*), ver de terre, lombric (*v. aussi* kèlèlè)

ɲīr — *N*, poisson *sp.*

ɲí-rì (ɲī,ɲí) — pincer, griffer, donner un coup de griffes
ɲí-rì dāā : prendre un morceau de boule avec les doigts

ɲí-rì tèè (ɲī,ɲí) — s'élancer, se précipiter

ɲíngà (ɲīngà,ɲíngà) — provoquer qqn, chercher querelle (*v. aussi* yārì rɔ̄g)

ɲíí — *Nd1*, 1. dessus, partie supérieure de qqch.
ɲíí bɔ́ndɔ̀ : bas-ventre; ɲíí bọ̀ : cou-de-pied; ɲíí nām : espace entre la lèvre supérieure et la base du nez; ɲíí rūū : sol, la terre; ɲíí jɔ̄r : haut du dos, région des omoplates; ɲíí yāng : toit de case; ɲíí ngìì : couronne de dent; ɲíí ngèr gìtì : coccyx, région du coccyx
2. tête
ɲíí tāà : se souvenir; ɲíí sīpōng : oublier; ɲíí sí-rì : avoir de la sympathie, de l'estime pour qqn; ɲú-nɔ́ sí vāā táná yā : //tête-sa/reste+*acc.*/homme|cet//, il a de la sympathie pour cet homme
3. épi (de mil) 4. régime (de bananes)

ɲíí — *néo-fonctionnel?*, (*du mot précédent*), sur, au dessus de

ɲíí — *N*, (*de* ɲíí "dessus"*?*), jour (?)
ɲíí ˀày : //jour/s'éclaircit+*inacc.*//, le jour se lève;
ɲíí ˀāy : //jour/s'éclaircit+*acc.*//, il fait jour

ɲíí bọ̀ — *Nd1*, (? .pied), traces, empreintes (laissées par un animal, un homme)

ɲíí tōr — *N*, (? .chaume), gerbe de chaume

ɲíí dèrā — *N*, (dessus.tombe), 1. cimetière, lieu écarté où l'on enterre les morts 2. termite ailé *sp.*

ɲíí dāng — *N*, (tête.grue couronnée), plante sauvage *sp.* : *Vernonia sp.* (Composées) (?)
méd. L'infusion de racines est réputée soigner le rhume des nouveaux-nés.

ɲíí kīvī — *N*, (? .tissu), pièce d'étoffe, pagne entier (qu'on n'a pas encore coupé)

ɲíí ʔáyá — *A*, (jour?. ?), après-demain

ɲàn — *A*, devant, en avant, en premier
há yé ɲàn : //il/vient+*acc.*/devant//, il est arrivé le premier

ɲàɲàɲà — *Nd2*, (*composé probable* : ɲà.ɲà.ɲà), très grand et très gros, énorme, gigantesque

ɲā — 1. *personnel sujet et objet 1° pers. plur. inclusif*
2. *variante morphologique de* ʔìɲā (*le déterminé est un Nd*)

ɲānì (ɲànā,ɲānā) — 1. suffire, avoir assez, ne plus avoir besoin de qqn, qqch. (*v. aussi* ndēèm)
ɲānííɲ : //suffit!+moi//, cela me va, cela me suffit
2. ɲānì gún : égaler, être égal, pareil (*v. aussi* ndēèm)

ɲā nī (gē) — *N*, (nous.avec.[*pl.*]), les gens de Bangoul

ɲā-rì (ɲà,ɲā) — refuser, interdire, empêcher (*v. aussi* pēèr, ʔɔ̄gɔ̀)
ngāārà hōòng nà pàjā ɲàng (PROVERBE) : //chef/donne+*inacc.*+toi//et/adjoint/refuse+*inacc.*+toi//, ce que le chef te donne, son adjoint te le refuse

ɲāngā — *N*, petit remblai, canal séparant deux champs

ɲāàn (ɲàn,ɲān) — sécher, faire sécher (plantes, poisson, viande)

ɲá — *N*, éléphant

ɲánì (ɲānā,ɲánā) — être abîmé, endommagé; être infirme

ɲə̄ — *N*, gauche, main gauche
ɲíí sōng ɲə̄ : à gauche, sur la gauche

ɲə̄ə́ — *N*, rhizome de nénuphar (consommé)

ɲɔ̀ — *cf.* sɔ̄g ɲɔ̀

[ɲɔ̀·ní] — *N*, (*vraisemblablement de* *ɲòngní, *composé probable* : ɲòng.ní), poisson *sp.* : *Gymnarchus niloticus*

ɲòngō — paresse

ɲɔ̄ɔ̀ (ɲɔ̀,ɲɔ̄) — démanger
yūú ɲɔ̀-nɔ́ : //corps+son/démange+*inacc.*-lui//, cela le démange

ɲúng-nú — *N*, (*de* ɲúùng), maigreur

ɲúùng (ɲūng,ɲúng) — maigrir

y

[yìhórō] — *Nd2*, (*composé probable; peut-être* yì.hó.rē, /mange+*inacc.*.donne+*acc.*.*négation*/), paresseux, qui ne veut rien faire, qui vit en parasite

yī bō̠ — *Nd1*, (? .père), frère du père

yī-rì (yì,yī) — 1. manger (la boule)
yī-rì dāā sìī: (*lit.* "manger la boule dehors") manger la boule sans sauce; yī-rì lɔ̀ɔ̀ : brouter
2. brûler (en parlant du feu)

yī-rì (mbìtì) (yì,yī) — coucher avec une femme (*fr. loc.* "parcourir")

yī-rì dìvā (yì,yī) — hériter
ndír kɔ̀tɔ̄ yī dìvā dàná (PROVERBE) : //grillon *sp.*/hérite +*acc.*.héritage|grillon *sp.*//, le grillon ndír kɔ̀tɔ̄ a hérité du grillon dàná (lorsque dàná meurt ou abandonne son trou, il est aussitôt remplacé par ndír kɔ̀tɔ̄)

yī-rì gārā (yì,yī) — se marier, célébrer le mariage

yīrí — bosse, enflure, durillon (*v. aussi* gílà)

yīrí bō̠ — *Nd1*, (? .père), fils du frère du père

yīì (yìì,yīī) — s'égarer, se perdre

yīì (dāā) (yìì,yīī) — préparer la boule

yí-rì (yī,yí) — demander, demander qqch. à qqn (*v. aussi* dēji)
yí-rì tí : poser une question; yí-rì ké : demander si

yígí — *interrogatif*, quand?
mɔ́ ndáv-ɔ̀ yígí : //ils/mettent au monde+*acc.*-toi/quand//, quand es-tu né?; hâà yē yígí : //il+*futur*/vient+*inacc.*/quand//, quand viendra-t-il?

yígà
(yīgà,yígà)
1. agiter, secouer
yígà sàng sèl, yígà ɲíí sèl : vanner sèl
2. tamiser (avec jə̄)

yíì
(yīī,yíí)
rester, subsister (en parlant de qqch.)

yíì
(yīī,yíí)
arriver

yíì
N, chèvre, cabri

yèrèyèrè
Nd2, (*composé probable* : yèrè.yèrè), léger, transparent

yē
Nd1, corps
yōòng sēē-rɔ̀ : /corps+ton/plaît+*inacc.*-toi//, tu es gai

yē
néo-fonctionnel?, (*du mot précédent*), chez (*v. aussi* ʔàà)
hìɲ tè yē jə̂ə̂ : /je/vais+*inacc.*/chez|Jean/, je vais chez Jean

yē vāā-rā
N, (corps.affection), maladie (bénigne), malaise
yē vāā-rā kèrííɲ : /maladie/fait+*inacc.*+moi/, je ne me sens pas bien

yēlē dām
N, (? .bière), autre nom de mīɲ ɲíí dām

yē séé-rá
N, (corps.plaisir), gaîté, joie

yēē
N, chien (domestique)

yēè
(yèè,yēē)
être presque sec (en parlant du mil, surtout, qu'on lave avant de piler)
kōró yèè ná vāā vōō sūū : /*Sorghum sp.*/est presque sec +*inacc.*/alors/femme/pile+*inacc.*/, lorsque le mil est presque sec, la femme le pile

yé-rì
(yē,yé)
1. venir
yé-rì nī : apporter; yé nī mīɲ hèèɲ : /viens!/avec|eau/ donne!+moi/, apporte-moi de l'eau!
2. devenir
yé-rì bɔ́r gún : lier amitié; hà yé bèré dúù tí : /tu/ deviens+*acc.*/qqn+*dét.*| connaître|parole/, tu es devenu un sage

yégrè
Nd1, épaule, aile (d'oiseau), nageoire (de poisson)

yéé
N, (*réduction de* yógó?), 1. peur, crainte (*v. aussi* yógó) 2. respect
kērē yéé ndéé lēlē : /fais!/respect|personnes+*dét.*| aînées/, il faut respecter ses aînés

yéé
N, monticule de terre, tertre

yà
1. *personnel sujet et objet 1° pers. plur. exclusif* : nous sans toi, nous sans vous 2. *variante morphologique de* ʔīyà (*le déterminé est un Nd*)

yàl
N, (*de l'arabe?*), maladie vénérienne *sp.* : syphilis?

yā — 1. *anaphorique*, le...en question, dont on parle 2. *déictique*, ce...ci, ce...là 3. *morphème marquant la fin d'une proposition relative* (*cf.* ˀòō...yā, hó...yā)

[yạ̄bạ̄] — *N*, (*emprunt possible*), hippopotame

yārì (yàrā,yārā) — chercher qqn, qqch., rechercher
yārì rɔ̄g : provoquer qqn, chercher querelle (*v. aussi* ɲíngà); yārì vōō : chercher la femme; faire la cour à une femme; hà yārā nâa sēn (PROVERBE) : /tu/cherches+*acc.*/alors+tu/trouves+*inacc.*/, cherche et tu trouveras

yāng — *N*, case, maison
yāng bìɲ : case du défunt (que l'on laisse à l'abandon ou que l'on brûle); yāng sīī : abri sous lequel on pleure un mort; yāng jūū : forge, atelier du forgeron

yāng jāā — *N*, (case. ?), hutte, abri provisoire de brousse

yāā — *pluriel irrégulier de* vōō *et de* vêy : femmes, épouses
yāā ré dūū, yāā ˀàà dūū : (*lit.* "les femmes de la lune") deux étoiles *sp.* (bàā bárà et bàā dày) dont on dit qu'elles encadrent la lune

yāà (yàà,yāā) — 1. devancer, dépasser 2. passer, traverser
mbāā yāā ˀàà : /étranger/traverse+*acc.*/village/, l'étranger a traversé le village (sans s'arrêter)

yāàv (yàv,yāv) — bouillir
há yùù mīɲ ré yāàv : /il/boit+*inacc.*/eau|*dét.*| bouillir//, il boit de l'eau bouillie

yāá — *pluriel irrégulier de* vāā
yāá 'dìì : jumeaux; yāá gē rɔ̀ : /enfants|*pl.*/dorment+*inacc.*/, les enfants dorment (c'est le soir, entre 20 21 heures)

yāá lángá bọ̀ — *Nd1*, (enfants.bout.pied), orteils

yāá lángá sōng — *Nd1*, (enfants.bout.main), doigts de la main

yāá yēē — *N*, (enfants.chien), plante sauvage *sp.* : *Boerhaaria repens* L. (Nyctaginacées)
méd. La décoction de plante d'abord pilée est réputée soigner l'hépatite. La décoction de racines mêlées à de jeunes fruits de tamarinier passe pour soigner la blennorragie.

yávɔ̀ — *Nd1*, frère de la mère; fils de la soeur (ego est ♂)

yɔ̀g — *N*, sauce
yɔ̀g bɔ̄r : sauce longue (à base d'écorce de *Grewia mollis* JUSS., de fruits d'*Hibiscus asper* HOOK. et de *Momordica charantia* L., de haricots, de graines de *Jatropha curcas* L., de fleurs de jīrà); yɔ̀g nīng : sauce *sp.* à base, notamment, de viande, de gombo, de feuilles de *Corchorus tridens* L.; yɔ̀g sɔ́-rì : sauce *sp.* (à base de poisson, de farine d'arachide ou de sésame et/ou de *Citrullus vulgaris* SCHRAD., de feuilles d'*Hibiscus asper* HOOK. et d'*Amaranthus viridis* L., etc.; *cf.* sɔ́-rì yɔ̀g);

yɔ̀g sɔ́g njíla̖ : sauce *sp.* à base de feuilles de *Piliostigma reticulatum* HOCHST. (?); yɔ̀g sɔ́g hàdísò : sauce *sp.* à base de feuilles de *Leptadenia hastata* (PERS.) DECNE.; yɔ̀g jí : sauce *sp.* à base de poisson, de gombo et de feuilles de *Corchorus tridens* L.; yɔ̀g jīrà : sauce *sp.* à base de viande et de feuilles de jīrà notamment; yɔ̀g kʷéygírá : sauce *sp.* à base de viande ou de poisson et de feuilles de *Gynandropsis gynandra* (L.) BRIQ.; yɔ̀g kɔ̀ndì : sauce *sp.* à base de fleurs d' *Hymenocardia acida* TUL.; yɔ̀g hòg : sauce au gombo (fruits et feuilles); yɔ̀g hòg tángní : sauce *sp.* à base de feuilles de hòg tángní; yɔ̀g húr-ú tàv : sauce *sp.* à base de décoction de fleurs de *Securidaca longipedunculata* FRESN. (*v. aussi* mbìtí, jɔ̄gɔ̄ dúú, jàām njòrò)

yɔ̀g 'bɔ́tɔ̄ — *N*, (*cf.* . ?), sauce *sp.* à base, notamment, de haricots, de gombo et de fleurs de jīrà bouillies puis séchées

yɔ̀g 'bòló — *N*, (*cf.* . ?), sauce *sp.* à base de poisson, de farine de mil et de *Citrullus vulgaris* SCHRAD.

yɔ̀g mbītī — *N*, (*cf.* . ?), sauce *sp.* à la farine de sésame

yɔ̄rɔ̄ — *N*, tige de *Grewia mollis* taillée en pointe dont on se sert pour jouer à sòòr jɔ̀gɔ́ et pour chasser les rats

yɔ̄ɔ̀r vāā (yɔ̀r,yɔ̄r) — faire une fausse couche, avorter (volontairement ou non)

yō — *variante de* yē

yō vāā-rā — *variante de* yē vāā-rā

yōlōlō — *N/Nd1*, force

yō séé-rá — *variante de* yē séé-rá

yōò (yòò,yōō) — 1. frapper, battre qqn, qqch. (*v. aussi* ˀíìm)
yōò ngìì : provoquer la chute d'une dent (dans un but esthétique); ɲíí-nà yàɲ : /tête-ma/bat+*inacc.*+moi/, j'ai mal à la tête; yōò kírì : retourner le cornet à mbàrà
2. jouer d'un instrument de musique (tambour, harpe, balafon, etc.)

yór — *N*, 1. soleil
yór vèēy : /soleil/tombe+*inacc.*/, le soleil se couche; yór véy : / - /tombe+*acc.*/, le soleil est couché; yór vā ˀàà : / - /construit+*acc.*/concession/, le soleil a construit sa concession (il est dans un halo); yór dīlà : / - /tourne+*acc.*/, le soleil a tourné (c'est l'après-midi, de 14 heures à la nuit); yór rē láv nī ràag dānā ˀàà : / - /*copule*|près de|se tenir|milieu|village/, le soleil est sur le point d'être au milieu du village (c'est la fin de la matinée, entre 11.30 et 12 heures); yór rāg dē jɔ̄ɔ̄ : / - /se tient+*inacc.*/en haut |ce...ci/, le soleil est là-haut (c'est le milieu de la matinée, entre 10 et 11 heures); yór rāg dānā ˀàà : / - /se tient+*inacc.*/milieu|village/, le soleil est au milieu du village (il est midi); yór rɔ̀mɔ́ : après-midi, entre 14 et 18 heures; yór sāv jàngà : / - /tranche+*acc.*/rivalité/, le soleil a tranché les rivalités (il

est 13 heures, l'heure de la sieste); yór jī nām kɔ̄r : / - /reste+*acc.*/bout|plante/, le soleil est au bout des plantes (il est 17 heures, le soleil commence à rougeoyer); yór ʔàrā ɲíí mɔ̄n : / - /se lève+*inacc.*/dessus|rosée/, le soleil se lève sur la rosée (c'est le début de la matinée, entre 7 et 9 heures); yór ʔɔ̀r : / - /se rafraîchit+*inacc.*/, le soleil se rafraîchit (il est entre 15 et 16 heures); yór gùù béɲ : / - /trompe+*inacc.*/singe *sp.*/, le soleil trompe le singe béɲ (il est 17 heures environ)
2. jour (par opposition à nuit) 3. temps, époque
yór ʔìrā kór : /temps|esclave/termine+*acc.*/, le temps des esclaves est révolu

yór *N*, anophèle

yór mīɲ *N*, (soleil.eau), soif
há sī sīī yór mīɲ : /il/meurt+*acc.*/mort|soif/, il est mort de soif

yór tōō-rɔ̄ (soleil.blanc), matin vers 9 heures

yóg *Nd2*, amertume (en parlant de qqch.)

yógó *N*, peur, crainte (*v. aussi* yéé)
yógó kērì, kērì yógó : avoir peur; há kèrē yógó yēē (ou yógó yēē kèrēé) : /il/fait+*inacc.*/peur|chien/, il a peur du chien

yùrū *Nd2*, droit, côté droit
ɲíí sōng yùrū : à droite, sur la droite

yūù (yùù,yūū) boire
yūù mbúr : renifler; yūù mɔ́ngɔ̀ : fumer

yūù (yùù,yūū) donner des fruits
yūù ʔém, yūū-rì ʔém : fruit; ʔém rɔ́ɔ̄ yùù rē : /arbre|cet/donne des fruits+*inacc.*/*négation*/, cet arbre ne donne pas de fruits

yúù (yūū,yúú) mettre, porter (vêtement, chapeau, lunettes, etc.)
yúù kɔ̄r : avoir ses règles (*v. aussi* kɔ̄r kērì); há yúú kɔ̄r : /elle/met+*acc.*/plantes/, elle a ses règles (*lit.* "elle a mis des plantes")

yúù (yūū,yúú) guérir, cicatriser (en parlant d'une plaie)
rāng rē sōng-ɔ́ yúú : /plaie|*dét.*| bras-son/guérit+*acc.*/, la plaie de son bras est guérie

yúù (yūū,yúú) pyrograver

yúù ɲíí (yūū,yúú) sauter (par dessus qqch.)

ˀ

ˀìrā
N, esclave; prisonnier
vōō rē ˀìrā ré nò (PROVERBE) : //femme/*copule*| esclave| *dét.*| pauvre//, la femme est l'esclave du pauvre (le plus pauvre des hommes reste le maître de sa femme)

ˀìɲā
modalité personnelle 1° pers. plur. inclusif

ˀīvì
(ˀìvīì,ˀīvì)
éventer, ventiler (de la main)
ˀīvì nɔ́n : s'éventer le visage; ˀīvì ˀór : activer un feu; ˀīvì kóg jūū : actionner les soufflets de la forge

ˀīvà
([ˀìvɛ̄ɛ̀],ˀīvà)
remplir, saturer (*v. aussi* ˀîì)
kōró ˀīvà bōróng : //*Sorghum sp.*/sature+*acc.*/grenier//, le grenier regorge de mil kōró

ˀīyà
modalité personnelle 1° pers. plur. exclusif

ˀīìɲ
(ˀìɲ,ˀīɲ)
dire
ˀīìɲ tí, ˀīìɲ kūng tí : parler; mɔ́ ˀīɲ tí sàng dùù mâàrvâày : //ils/disent+*acc.*/parole/intérieur|nuit/longtemps//, ils ont parlé toute la nuit; ˀīìɲ nà : dire que; há ˀìɲ nà rèy yē bīní : //il/dit+*inacc.*//que/il+*futur*|vient+*inacc.*/demain//, il dit qu'il viendra demain

ˀív-í
Nd2, (*de* ˀîìv), tranchant

ˀíɲá
N, ronier : *Borassus flabelliformis* (Palmiers)
cul. Les racines de jeunes pousses sont consommées grillées ou bouillies.
On se sert des branches (gɔ̀rgɔ̀tɔ̀ ˀíɲá) pour fabriquer le sel indigène (sɔ́g ɲɔ̀).
techn. De nombreuses vanneries sont faites avec la feuille (bíɲá ou kɔ̀tɔ̀ ˀíɲá) : le van (kìì); la natte páálā; la gibecière ngàmbérē; la nasse làvɔ̄; le cornet à mbàrà (kírì); les paniers 'bùgù, mbɔ̀rɔ̄, dúúrù, kúrú, etc.

ˀíyà
N, nasse à deux entrées pour la pêche à la main (*cf.* Realia)

ʔígrì (ʔīgrī, ʔígrī) — appuyer, presser (du doigt, de la main, du pied, etc.)

ʔíì (ʔīī, ʔíí) — remplir, saturer (*v. aussi* ʔīvà); être plein
ʔíì lívlív : être plein à ras-bords; mè ʔíí : /jarre/ est pleine/, la jarre est pleine

ʔíì (ʔīī, ʔíí) — presser (un abcès, etc.)
ʔíì mō : traire (*v. aussi* kā-rì mō)

ʔíì (ʔīī, ʔíí) — répondre à qqn, à un appel
ʔíì dūū : fêter la lune (à la fin de la récolte de mil, en décembre), sacrifier à la lune (en parlant du chef de lune); mbāā ʔīī dūū rē (PROVERBE) : /étranger/répond à +*inacc.*/lune/*négation*/, l'étranger ne fête pas la lune;
ʔíì kɔ̀rɔ́ : crier

ʔíì (ɲíí rǭ) (ʔīī, ʔíí) — s'éveiller, se réveiller

ʔíìm (ʔīm, ʔím) — 1. lancer (couteau de jet, bâton, caillou, etc.) (*v. aussi* vā-rì)
ʔíìm kánì : jeter, abandonner
2. battre qqn (*v. aussi* yōò)
ʔíìm dàr : faire la guerre; ʔíìm gún : se battre, se bagarrer

ʔíìv (ʔīv, ʔív) — être tranchant; être pointu
ʔíìv lívlív : être acéré, affilé; sōng ʔíìv : être adroit, avoir la main sûre

ʔíìɲ (ʔīɲ, ʔíɲ) — entrer, pénétrer
há ʔíɲ yāng : /il/entre+*acc.*/case/, il est entré dans la case

ʔíìɲ (ʔīɲ, ʔíɲ) — enfler, gonfler (*v. aussi* ré-rì, ʔāgrì)

ʔī̱ — oui

ʔè — *variante de* ʔò

ʔēè (ʔèè, ʔēē) — acheter

ʔēèr (ʔèr, ʔēr) — grandir (très vite); être grand, haut

ʔēèɲ — *modalité personnelle 1° pers. sing.*

ʔēèy — *modalité personnelle 3° pers. sing. réflexif*

ʔém — *N*, 1. arbre 2. groupe d'arbres, bois, forêt 3. bois (matière)
ngúù ʔém : récipient en bois de même forme et de même utilisation que ngúù (*v. aussi* bùūgrù)
4. bout de bois, bâton, manche d'outil, tige rigide de n'importe quelle matière

ʔém bò̰, ʔém kāsā : jambe; ʔém sōng : bras; ʔém mè : molette pour décorer les poteries (cylindre de bois cannelé); ʔém ré ɲíí yāng : poutre faîtière (dans le cas d'un toit à un ou deux versants); ʔém vàrā : manche de vàrā ʔém; ʔém kʷìīy : canne à pêche; ʔém kɔ̀nɔ̄ : manche de harpon
5. claie 6. charpente (case, grenier, etc.)
ʔém yāng : charpente de case

ʔém bō̰ kílà — *N*, (*cf.* .os/père.digue artificielle), oiseau aquatique *sp.* (il se nourrit de poissons)

ʔém súrú — *N*, (claie. ?), lit-claie

ʔém kāsārā — *N*, (charpente.séchoir), groupe de quatre étoiles *sp.* formant rectangle

ʔér — *N*, caïlcédrat : *Khaya senegalensis* (Méliacées)
méd. Les très jeunes feuilles, séchées puis réduites en poudre, sont réputées guérir les maux de tête : on incise le front du malade à plusieurs reprises et l'on met de la poudre dans les entailles.
techn. Les pirogues sont fabriquées avec le tronc.

ʔérgè — *variante de* ʔárgà

ʔégrì (ʔēgrē, ʔégrē) — réveiller qqn
ʔégrì ɲíí sīī : ressusciter qqn, rendre la vie à qqn

ʔée̋v (ʔēe̋v, ʔée̋v) — être curieux

ʔà — *déterminatif*

ʔàmà — *personnel absolu 1° pers. sing.*

ʔàmɔ̀ — *personnel absolu 2° pers. sing.*

ʔàmɔ̄ — *personnel absolu 2° pers. plur.*

ʔàmɔ́ — *personnel absolu 3° pers. plur. non réflexif*

ʔàvì — *personnel absolu 3° pers. sing. réflexif*

ʔàvɔ̀ — *personnel absolu 3° pers. plur. réflexif*

ʔàlà — *N*, perche à pirogue

ʔàláng — *N*, urine
ʔàláng ndàà : (*lit.* "urine de cheval") de couleur jaune

ʔà̰ɲā — *personnel absolu 1° pers. plur. inclusif*

ʔà̰yà — *personnel absolu 1° pers. plur. exclusif*

ʔàà — *N*, 1. village 2. concession familiale
ʔàà ngàríngàng : toile d'araignée (*v. aussi* kìmī); ʔàà yór : halo autour du soleil

ˀàà — *néo-fonctionnel?*, (*du mot précédent*), chez (*v. aussi* yē)

ˀālāng — *N*, récipient à sauces (en argile cuite)

ˀā-rì
(ˀà,ˀā) — téter
ˀā-rì nām : téter la bouche d'un enfant (pour le calmer); ˀā-rì ˀḭɲá : sucer le fruit du ronier

ˀārì
(ˀàrā,ˀārā) — 1. se lever
ˀārì ɲíí rō̰ : s'éveiller, se réveiller (*v. aussi* ˀíì ɲíí rō̰)
2. quitter, partir; s'envoler (en parlant d'un oiseau)
ˀārì nām gún : se déplacer, se séparer, se quitter brusquement; dépasser (en hauteur)
3. se former, se préparer (en parlant de la pluie)
ˀārì mā̰ɲ : nuages
4. fermenter (en parlant de la bière)

ˀānjì — *fonctionnel*, sans

ˀā̰y-ā — *N*, (*de* ˀā̰ày), propreté

ˀāg-ā — *N*, (*de* ˀāàg), jeu

ˀāgrì
(ˀàgrā,ˀāgrā) — enfler, gonfler (*v. aussi* ré-rì, ˀíìɲ)
sōng-ɔ́ ˀàgrā : /main-sa/enfle+*inacc.*/, sa main enfle

ˀāgrì
(ˀàgrā,ˀāgrā) — payer, rembourser
hḭ̀ɲ ˀāgrɛ̄ɛ́ nī kōró : //je/rembourse+*acc.*+lui/avec|*Sorghum sp.*//, je l'ai remboursé avec du mil kōró

ˀāàv
(ˀàv,ˀāv) — esquiver, éviter

ˀāàv
(ˀàv,ˀāv) — récolter (l'arachide et le pois de terre)

ˀāàr
(ˀàr,ˀār) — coudre, recoudre (un vêtement, une calebasse)

ˀā̰ày
(ˀà̰y,ˀā̰y) — rendre propre, être propre; s'éclaircir
ˀā̰ày njátí : rendre, être très propre; jóng ˀā̰y : /endroit/s'éclaircit+*acc.*/, il fait clair, il fait jour; ɲíí ˀā̰y: le jour s'est levé, il fait jour

ˀāàg
(ˀàg,ˀāg) — jouer

ˀāàng
(ˀàng,ˀāng) — verser, mettre qqch. dans un récipient
ˀāng mīɲ rē sàng mè : //mets!/eau/*fonctionnel*|intérieur|jarre//, mets de l'eau dans la jarre!; ˀāàng kánì : jeter

ˀánì
(ˀānā,ˀánā) — échanger
ˀánì nī : échanger contre; há ˀánā kīvī ˀùú nī yíì : //il/échange+*acc.*/habit|son/avec|cabri//, il a échangé son habit contre un cabri; ˀánì sə̰̄ : piler en choeur

ˀárgà — *N*, (*de l'arabe*), alcool de manioc

ˀásígàr — *N*, (*de l'arabe*), soldat (*v. aussi* bèrē ré ˀór) ˀáyá — *cf.* ɲíí ˀáyá

ˀáng — *A*, aussi
...ˀáng ná...ˀáng(ná)... : ...et...(et)... (*v. aussi* nī); vōsɔ́ ˀáng ná vāā ˀùú ˀáng ná vāā nīí ˀáng mɔ́ sī : /femme+sa‖et‖fils|son‖et‖frère+son‖aussi‖ils/meurent+*acc.*/, sa femme, son fils et son frère sont morts

ˀáàm (ˀām, ˀám) — tuer
nām-à ˀám-à (PROVERBE) : /bouche-ma/tue+*acc.*-moi/, ma bouche m'a tué; jìɲ ˀām-à : /froid/tue+*inacc.*-moi/, j'ai froid; gàmɔ̄ ˀām-à : /faim/tue+*inacc.*-moi/, j'ai faim

ˀə̰̄ — *Nd1*, 1. dos (de la nuque au coccyx)
ˀə̰̄ə̰́ rē kīngí : /dos+son/*copule*|bosse/, il est bossu; há ndāgá ˀâəɲ : /il/marche+*inacc.*/dos+mon/, il marche derrière moi
2. dos, revers, derrière de qqch.
ˀə̰̄ dàā bɔ̰̀ : dessus du pied, cóu-de-pied; ˀə̰̄ sōng: dos de la main
3. abords, alentours
há lɔ̀l ˀə̰̄ yāng : /il/défriche+*inacc.*/abords|case/, il défriche les abords de la case

ˀə̰̄ — *N*, (*du mot précédent*), derrière (*attesté seulement dans la numération*) (*v. aussi* njángnā)
ˀūtù nī ˀə̰̄ ré mɔ̀ ngōóng nī ˀə̰̄ ré ngōóng : /cent.avec. derrière.*dét.*.dix.un.avec.derrière.*dét.*.un/, cent onze

ˀə̰̄ — *A*, (*de Nd1*), 1. alentour
bèrē vērē ˀə̰̄ : /qqn/il n'y a pas/alentour/, il n'y a personne alentour
2. derrière (*v. aussi* kūgrū, gítì)

ˀə̰̄ — *néo-fonctionnel?*, (*de Nd1*), derrière (*v. aussi* gítì); autour de

ˀə̰̄ə̰̀ (ˀə̰̂, ˀə̰̄) — verser les grains de mil de haut, en plein vent, pour les débarrasser de la balle, du bìsī (cette opération vient immédiatement après tāàng)
ˀə̰̄ə̰̀ bōg : (*lit.* "éventer le fer"), bailler

ˀɔ̀mɔ̀ — *variante de* ˀàmɔ̀

ˀɔ̀mɔ̄ — *variante de* ˀàmɔ̄

ˀɔ̀mɔ́ — *variante de* ˀàmɔ́

ˀɔ̄lɔ̀ (ˀɔ̀lɔ̄ɔ̀, ˀɔ̄lɔ̀) — ɲager

ˀɔ̄lɔ̄ — *N*, petite antilope *sp.* : ourébi

ˀɔ̄r-ɔ̄ — *Nd2*, (*de* ˀɔ̄ɔ̀r), 1. frais 2. doux (en parlant de qqn)

ˀɔ̄jɔ̀ (ˀɔ̀jɔ̄ɔ̀, ˀɔ̄jɔ̀) — remplir complètement, jusqu'à saturation

ˀɔ̄jɔ̀ nī jōō (ˀɔ̀jɔ̄ɔ̀, ˀɔ̄jɔ̀) — conseiller

ˀɔ̄gɔ̀ (ˀɔ̀gɔ̄ɔ̀, ˀɔ̄gɔ̀) — empêcher qqn de (*v. aussi* pêer, ɲā-rì)

ʔɔ̄ɔ̀n (ʔɔ̀n,ʔɔ̄n)	frire, faire frire (dans kátà) ʔɔ̄ɔ̀n də̰̄ : griller pour faire de l'huile
ʔɔ̄ɔ̀r (ʔɔ̀r,ʔɔ̄r)	fatiguer, affaiblir; être fatigué, faible (*v. aussi* nɔ̂ɔ̀n)
ʔɔ̄ɔ̀r (ʔɔ̀r,ʔɔ̄r)	rafraîchir mə̰̄n ʔɔ̄r jóng : /pluie/rafraîchit+*acc.*/endroit/, la pluie a rafraîchi le temps
ʔɔ́r (tɔ̄ɔ̄-rɔ̄)	*N*, mil blanc *sp.* : *Sorghum guineense* STAPF var. *scintillans* SNOWDEN
ʔɔ́njɔ̀ (ʔɔ̄njɔ̀,ʔɔ́njɔ̀)	1. se rétablir (en parlant d'un malade) yūú ʔɔ́njɔ̀ : /corps+son/se rétablit+*acc.*/, il est rétabli 2. diminuer, se résorber (en parlant d'une bosse, etc.)
[ʔɔ̰̄ɔ̀y] ([ʔɔ̰̀y,ʔɔ̰̄y])	malaxer, pétrir (l'argile, la farine, etc.)
ʔò	*pro-nominal*, le (*il est obligatoirement déterminé*) vāā tèēɲ rē ʔò ʔēēɲ : /enfant|cet/*copule*|le|mon/, cet enfant qui passe là-bas est à moi; ʔò ré ngōóng...(nà) ʔò ré ngōóng...: l'un...l'autre...
ʔòrò	*N*, petit caillou (ou graine de njílà) servant à lisser l'argile des poteries fraîches
ʔòō...yā	*relatif* jàà ʔàà hú vɔ̀rɔ̀ yā ɲānɛ̄ɛ́ : /argent/ʔòō...+tu/donnes+*acc.*+lui/hier/...yā/suffit+*acc.*+lui/, l'argent que tu lui as donné hier lui suffit
ʔōò (ʔòò,ʔōō)	1. (se)chauffer, (se)réchauffer (au soleil, au feu) 2. chauffer une enflure, une blessure à l'aide d'une compresse chaude
ʔōòr (ʔòr,ʔōr)	sauter há ʔòr sàng ʔém : /il/saute+*inacc.*/intérieur|arbre/, il saute de l'arbre
ʔōòr (ʔòr,ʔōr)	1. faire un colombin (d'argile) 2. rouler une corde (entre les mains)
ʔōòng	*modalité personnelle 2° pers. sing.*
ʔólò	*N*, le Mandoul, le "Marigot"
ʔór	*N*, 1. feu ʔór yì lòò : /feu/brûle+*inacc.*/brousse/, la brousse est en feu 2. fusil bèré ʔór : soldat (*v. aussi* ʔásígàr)
ʔó-rì (ʔō,ʔó)	couler goutte à goutte
ʔórì (ʔōrō,ʔórō)	attendre hḭ̀ɲ ʔōrúùng 'bákáká bīní: /je/attends+*inacc.*+toi/jus-

qu'à|demain//, je t'attends jusqu'à demain

?óólò (?ōōlò,?óólò)
aiguiser, affûter

?ō̰ò̰ (?ò̰,?ō̰)
cesser, arrêter (*v. aussi* lívà)
?ō̰ò̰ ján ján : s'apaiser

?ō̰ò̰ (?ò̰,?ō̰)
respirer (*v. aussi* tâa kòō)

?ōò (?ò̰̃,?ō̰)
glisser, être glissant
mā̰ŋ sé ɲíí rūū ?ò̰ : /pluie/tombe+*acc.*/sol/glisse+*inacc.*/, il a plu, le sol est glissant

?ùmɔ̄
modalité personnelle 2° pers. plur.

?ùmɔ́
modalité personnelle 3° pers. plur. non réflexif

?ùú
1. *personnel absolu 3° pers. sing. non réflexif* 2. *modalité personnelle 3° pers. sing. non réflexif*

?ūvɔ̀
modalité personnelle 3° pers. plur. réflexif

?ūtù
numéral, cent
?ūtù dīí : deux cents; ?ūtù tāà : trois cents

?ūtù (nām) (?ùtūù,?ūtù)
fermer qqch. (porte, etc.), couvrir un récipient

?ú-rì (?ū,?ú)
sentir, flairer
?ū sā̰ŋ rē : /sent+*inacc.*/bon/*négation*/, ça sent mauvais, ça pue

?úrú
Nd2, vert (par opposition à mûr)

?úrú
A?, rien
— kērē sīkà — ?úrú : — comment vas-tu? — ça va!; — hà jōō kèē — ?úrú : — /tu/veux+*acc.*/quoi/, que veux-tu? — rien ; sàng gàsásà rē ?úrú : /intérieur|bouteille/*copule*|rien/, la bouteille est vide

?úng-nú
Nd2, (*de* ?ûùng "peser"), lourd, pesant

?ûù (?ūū,?úú)
prendre
?ûù pàà : prendre époux; ?ûù vōō : prendre femme; ?ûù gún : se marier

?ûùr (?ūr,?úr)
(se)cacher (*v. aussi* vōò)
?ûùr nī : se cacher de, se protéger de, se mettre à l'abri de

?ûùng (?ūng,?úng)
laver (un vêtement, des grains de mil, etc.), se laver (une partie du corps)

?ûùng (?ūng,?úng)
peser (lourd), être lourd
?úng : c'est lourd!

k

kìmī — *N*, filet (de chasse, de pêche)
kìmī ʔà ngàríngàng : toile d'araignée (*v. aussi* ʔàà ngàríngàng)

kìv — *A*, (courbé) en demi-cercle (*attesté seulement avec* ndûùg)

kìlì — *Nd1*, joue (*v. aussi* mbìlì)

kìlì — *cf.* ndàà kìlì

kìlì vàrā — *N*, manche de vàrā kìlì

kìlìm — *N*, anneau de doigt, bague

kìì — *N*, van (en feuilles de ronier) (*cf.* Realia)

kìì — *Nd1*, nombril

kīīɲ — *N*, kaolin
sàng kálà rē kīīɲ : /intérieur|calebasse *sp.*/*copule*| kaolin/, l'intérieur de la calebasse káià est fait de kaolin

kīvì — *N*, tortue
kīvì mbɔ̄lɔ̄ : *N*, (- .*Stereospermum kunthianum* THAM.?), tortue *sp.*
kīvì tēērā : *N*, (- .chenal du Mandoul), tortue *sp.*

kīvī — *N*, 1. cotonnade; pièce de coton (*fr. loc.* "pagne") 2. tissu 3. habit, vêtement

kīvá — *N*, caméléon

kīnā — *Nd2*, dur (*v. aussi* lēèl); vert (par opposition à mûr)

[kīnạ̄wò] — *N*, kapokier

[kīnạ̄ndégē] — *N*, (*composé probable* : kīnā.ndéé.gē, / ? .gens.*pl.*/), jeu de cache-cache
vōò kīnāndégē : jouer à cache-cache

kīrā — prêt, crédit (*fr. loc.* "bon pour")

kīrā — *cf.* vāā kīrā

kīngí — *Nd1*, bosse (à la base du cou)

kīì (kìì, kīī) — douter
há kìì tí ʔèɲ ʔùn-ɔ́ yā : /il/doute+*inacc.*/parole≠*rela...* +je/dis+*inacc.*-lui/...*tif*/, il doute de ce que je lui dis

[kíbāṇá̤] — *N*, arbre *sp.* : *Combretum sp.* (Combretacées) (on consomme le fruit cru)

[kḭ́mbī] — *N*, très petite fourmi *sp.*

[kḭ́mbīɾī] — *attesté seulement avec* tā-rì (*cf.*)

kívkìv — *N*, (*du français?*), coupe-coupe

kítī — *Nd2*, petit, menu, fluet

kítī kítī — *A*, (*cf.* . *cf.*), *intensif*, en petits morceaux, (haché) menu (*attesté seulement avec* gîiv)

[kítíjà̤là̤] — *N*, (*composé probable* : kítí.jàlà), plante sauvage *sp.* : *Cissampelos mucronata* A. RICH. (Menispermacées)
méd. L'infusion est réputée soigner le rhume des nouveaux-nés.

[kítíká̰ŋlá̤] — *N*, (*composé probable* : kítí.kánglá), graminée sauvage *sp.* : *Eragrostis tremula* L. (?)

[kí'déɣé] — *N*, insecte *sp.*

[kḭ́nâ̤•] — *interrogatif*, peut-être? (*la modulation finale correspond à la courbe mélodique de l'interrogation*)

[kḭ́nā̰'] — *N*, (*emprunt?*), taenia, ver solitaire (?)

kílì — *Nd1*, 1. coude (du bras) 2. angle, coin
kílì bàrì : coin de mur (*v. aussi* gûul bàrì)

kílà — *N*, digue artificielle (elle retient l'eau et, partant, les poissons au moment de la décrue; on y installe des nasses)

[kílàv̄dɔ̀] — *N*, plante sauvage *sp.* (quand on la trouve dans un champ de mil, on dit que la récolte sera très abondante)

kírì — *N*, cornet à jeu de mbàrà (en feuilles de ronier tressées, plus rarement en peau de buffle)

[kíɾùgjú] — *N*, pourpier sauvage : *Portulaca oleracea* L. (Portulacacées)

kísīní — *N*, fourmi *sp.* noire et venimeuse

kíjéndí — *N*, mil sauvage *sp.*

kíɲà (kīɲà,kíɲà) — partager (*v. aussi* gānì)

kíìm (kīm,kím) — fermer (les yeux, la bouche, un livre, etc.), boucher (le nez)

[k^{w}ìȳ] — *N*, (*du mbay-Moïssala?*), hameçon

kèndè — *N*, instrument de musique à cordes, sorte de harpe (*fr. loc.* "violon") (*cf.* Realia)

kèlèlè — *N*, ver de terre, lombric (*v. aussi* ɲìɲāà̰)

kèrkèsè — superficiel, qui est à faible profondeur

[kḛ̀ŋgèlìbā̰] — *N*, (*emprunt o.i.*), plante sauvage *sp.* : *Cassia tora* L. (Césalpiniacées)
méd. La décoction de racines est réputée soigner (par absorption et lavage) l'hernie étranglée et l'hépatite.
cul. On boit volontiers la décoction de racines. Les graines du fruit, grillées puis bouillies, donnent une sorte de café.

kèē — *interrogatif*, quoi?, qu'est-ce que...?
hà kèrē kèē : /tu/fais+*inacc.*/quoi/, que fais-tu?; nī jōō kèē : pourquoi?; há tè gɔ̀grɔ̀ nī jōō kèē : /il/va+*inacc.*/gɔ̀grɔ̀/pour|quoi/, pourquoi va-t-il à gɔ̀grɔ̀?

kērì (kèrē,kērē) — faire; construire
kērì 'bɔ̄ngɔ̄ (nī), 'bɔ̄ngɔ̄ kērì (ɲíí) : se fâcher, être en colère (contre); kērì bɔ́r : être coquet; faire le beau, crâner; kērì mbāā : accueillir qqn; kērì mbūūrú, mbūūrú kērì : faire des bêtises; se moquer de qqn; kērì mīɲ sàng : mettre de l'eau dans qqch.; kērì tí/sè sa̰ŋ rē : se conduire mal; kērì dàr (nī), dàr kērì (ɲíí) : se fâcher, être en colère (contre); kērì dāā nī yɔ̀g : tremper un morceau de boule dans de la sauce; kērì nùùng : essayer; kērì séɲ : travailler; kērì yógó, yógó kērì : craindre, avoir peur de; kērì kàyà : chercher la femme, l'homme; kērì kālá : mettre de côté, en réserve (en parlant des semences); kērì kɔ̀vɔ̰̀ : souhaiter la mort (pleurer sans raison) (*v. aussi* gɔ̄ɔ̀r kɔ̀vɔ̀); kērì kɔ̀tɔ̄ : façonner, modeler à la perfection; kērì kɔ̀rɔ́ : crier, hurler; kērì kɔ̄r : sarcler; kērì kóg sīī : (*lit.* "faire la peau du mort") venger qqn, se venger; mbààlā kērì : souffrir de conjonctivite; kɔ̄r kērì : avoir ses règles (*v. aussi* yúù kɔ̄r); gàmɔ̄ kērì : avoir faim; gú kērì : avoir de la fièvre; être enrhumé

kērē sīkà — (*de* kērì?.comment?), comment vas-tu?

kēsí — *N*, arbre *sp.*

ké...áà — *interrogatif*, est-ce que...?; si
ké gàmɔ̄ kèríìng áà : /est-ce que.../faim/fait+*inacc.*+toi/...*modulation interrogative*/, as-tu faim?; há dèjīì ké rèɲ jēɟ bīnáà : /il/demande+*inacc.*/si.../je+*futur* | pars+*inacc.*/demain+...*modulation interrogative*/, il demande si je pars demain

kévtè bò̰ — *Nd1*, (? .patte), sabot (d'ongulé)

[kénâ·] *variante de* kínâa

kérè ou, ou bien

kérē *cf.* kúú kérē

kéré *N*, tourterelle *sp.*

kêev (*de* kìv ?), *cf.* gɔ̀l kêev

[kʷēy] *N*, fagot
vāā vōō tē kʷēy : //femme/va+*acc.*/fagot//, la femme est allée aux fagots

[kʷéygíɾá̧] *N*, plante sauvage *sp.* : *Gynandropsis gynandra* (L.) BRIQ. (Capparidacées)
cul. La feuille, pilée, est utilisée dans la préparation de la sauce yɔ̀g kʷéygírá.

kàm *N*, sagaie
kàm ré léé : sagaie à fer en forme de lame (*cf.* Realia)

kàm *N*, sauterelle *sp.*

kàmsà *N*, mil rouge *sp.* : *Sorghum caudatum* STAPF var. *colorans* SNOWDEN

[kà̧myṑ̧·] *N*, (*du français*), automobile : voiture, camion

kàvrā *N*, calebasse (kálà) servant à puiser de l'eau

kàtàng *A*, 1. aube, petit matin entre 4 et 6 heures (*v. aussi* kōjóng) 2. tôt

kàlà solitude
há tē bárà nī kàlɛ̀ɛ́ : //il/va+*acc.*/Bara/avec|solitude+sa//, il est allé seul à Bara

kàlásì (*de l'arabe*), c'est tout! bon! cela dit! (*v. aussi* bô̧ō̧)

[kà̧ɾē] *Nd2*, se dit d'une jeune fille qui n'est pas encore pleinement formée (entre 10 et 12 ans)
vāā ré kàrē : adolescente

kà̧yà qui passe son temps à se promener sans jamais travailler et en cherchant des aventures galantes; facile, qui se prostitue (en parlant d'une femme)

kàkâang *cf.* jɔ̄ kàkâang

kàg *cf.* vāā kàg

kàgà *N*, léopard

kàà *N*, termite *sp.*

kààkà *Nd2*, calme, tranquillité (*v. aussi* ndìng, lím)

kààlìm *N*, ombre provoquée par des nuages masquant momentanément le soleil (on dit alors : kààlìm búú)

kāmɔ̀ — *N*, poisson *sp.* : *Ctenopoma petherici*

kāvɔ̀ — *N*, infusion, décoction; remède, médicament

kānā — *A*, *rend l'idée d'abandon* (*v. aussi* vùrū); *d'achèvement, de totalité* (*v. aussi* ngálán̄g)
há má vāā kānā rè sàng bìì : /il/laisse+*acc.*/enfant/ - /*fonctionnel*|intérieur|brousse/, il a abandonné l'enfant en brousse; há yī dāā kānā : /il/mange+*acc.*/boule/ - /, il a mangé toute la boule (sans en laisser une miette); há kērē yāng ʔùú kānā : /il/construit+*acc.*/case|sa/ - /, il a fini de construire sa case

kālā — *N*, antilope *sp.* : cobe de Buffon

kālá — semence, grains que l'on conserve pour les semailles : kālá sɔ̀n, kālá kōró, etc.

kā-rì (kà,kā) — essorer, presser qqch. (pour en retirer l'eau)
kā-rì bìsī dām : enlever le marc de la bière; kā-rì mō : traire (*v. aussi* ʔíì mō)

kārà — *N*, 1. anneau de nez (pour bovidés) 2. bracelet

kāsā — *Nd1*, jambe, pied (*v. aussi* bọ̀)

kāsārā — *N*, séchoir (plate-forme surélevée sur laquelle on entrepose les épis de mil et de maïs, le manioc, le fourrage, etc.) (*cf.* Realia)

kānglā — *N*, 1. broussaille, buisson 2. brindilles de bois, petit bois

kāà (kàa,kāā) — 1. ramasser (*v. aussi* dūù, jīì) 2. balayer
kāā sàng yāng : /balaie!/intérieur|case/, balaie la case!

kāàv (kàv,kāv) — cueillir, ramasser

kāàv (kàv,kāv) — accrocher, s'accrocher

ká — *cf.* vɔ̀rɔ̀ ká

kám — *A*, sûrement, certainement
rèɲ kèrē kám : /je+*futur*/fais+*inacc.*/sûrement/, je le ferai, c'est sûr

kámnā — 1. d'abord 2. ensuite, après

[kạ́wṵ́ŋ] — *A*, loin

kátíkátí — *A*, (*composé probable* : kátí.kátí), *intensif* (*attesté seulement avec* tííɲ)

[kạ́tíkạ́ɲ] — *N*, (*composé probable* : kátí.kāáɲ), bile

kátà — *N*, marmite (en argile cuite) (*fr. loc.* "canaris") (*cf.* Realia)

	kátà ɗāā : marmite à boule; kátà yɔ̀g : marmite à sauces
kátà sángá	*N*, (*cf.* . ?), grande marmite à bière de mil
kándíkándí	*Nd2*, (*composé probable* : kándí.kándí), grand et mince, élancé
kánì	*variante morphologique de* kānā (*le verbal de rattachement est à la forme verbo-nominale*)
kána	*N*, piment *sp.* (rouge ou vert)
kálà	*N*, calebasse (à boisson, à farine, etc.) dont l'intérieur est enduit de kaolin
kálà	*N*, oiseau *sp.*
kâà	*Nd1*, bruit, écho
kâàv (kāàv,kâàv)	rassembler, réunir, regrouper kâàv bɔ̰̀ rē nām tīɲ : rassembler les pieds devant le foyer (c'est le soir, entre 19 et 20 heures, le moment où l'on se rassemble autour du feu); kâàv rē ɲíí gín-ì : entasser; kâàv ʔór : ranimer, raviver un feu; kâàv gún : se réunir
[kʷà̰y]	*N*, (*du ngambay ?*), grand hibou *sp.* (au plumage roux)
[kʷà̰ȳ]	*N*, (*du sara majingay?*), non initié (en parlant d'un garçon)
kə̰̀	*N*, coussinet de portage (couronne de paille ou de tissu)
kə̰̀-ná	*Nd2*, (*de* kə̰̄ə̰̀), sucré
kə̰̄ə̰̀ (kə̰̀,kə̰̄)	sucrer, être sucré
kɔ̀vɔ̀	*N*, 1. présage de mort 2. chat-huant (*v. aussi* kólō kɔ̀vɔ̀)
kɔ̀vɔ̄	célibataire (homme ou femme)
kɔ̀tɔ̀ ʔíɲá	*N*, (? .ronier), feuille de ronier (*v. aussi* bíɲá)
[kɔ̀tìbèlé]	*N*, (*composé probable* : kɔ̀tì.bèlé), 1. papillon 2. épilepsie
[kɔ̀tɔ̀bèlé]	*variante de* kɔ̀tìbèlé
[kɔ̀tɔ̀kṵ́nɔ̀]	*N*, (*composé probable* : kɔ̀tɔ̀.kúnɔ̀), poisson-perroquet : *Tetraodon fahaka*
kɔ̀tɔ̄	*N*, 1. habileté, adresse 2. artisan (?) kàm ʔà kɔ̀tɔ̄ ʔám kɔ̀tɔ̄ (PROVERBE) : /sagaie|*dét.*| artisan/ tue+*acc.*/artisan/, la sagaie a tué son auteur
[kɔ̀ndḭ̀]	*N*, fleur de gāgrā
kɔ̀nɔ̄	*N*, harpon à quatre branches (*cf.* Realia)

kɔ̀rɔ́ — *N*, cri, hurlement

kɔ̀rɔ́ — *N*, trou de foudre; trou de rat

kɔ̀rɔ́ — *N*, insecte *sp.*

kɔ̀ɔ̄l — tanné

kɔ̄mɔ̀ — *variante de* kāmɔ̀

kɔ̄vɔ̀ — *variante de* kāvɔ̀

kɔ̄tɔ̄ kūng — *Nd1*, (? .nuque), nuque (*v. aussi* kūng)

kɔ̄r — *N*, 1. plante
sɔ́g kɔ̄r : feuille
2. feuillage, feuille 3. rejet, repousse 4. grand panier cylindrique (en feuilles de rɔ̀gɔ̀ ou de kíbāná) où l'on conserve les feuilles de tabac notamment, les cosses d'haricots, etc. 5. règles, menstrues (les femmes utilisent des feuilles comme protection)
kɔ̄r kēr̀, yûù kɔ̄r : avoir ses règles

kɔ̄r bīlā — *N*, (plante.groupe d'arbres où se tient l'initiation), arbre *sp.*

kɔ̄r bàdúng — *N*, (repousse. ?), jeune repousse de gív
méd. L'infusion de feuilles passe pour soigner l'"enflure de la luette" (?).

kɔ̄r vāā — *N*, (plante.enfant), arbre *sp.*
méd. L'infusion de racines est donnée aux nouveaux-nés pour les protéger des maladies.

kɔ̄r dàr — *N*, (plante.discorde), arbre *sp.* : *Combretum sp.* (Combrétacées)
croy. Jeter des feuilles dans un village, mettre un rameau sans feuilles devant l'entrée d'une concession ou le glisser dans la charpente d'une case, c'est semer la discorde entre les gens, la mésentente entre les frères, entre le mari et la femme, etc.

kɔ̄r dām — *N*, (plante.bière), arbre *sp.*
croy. Si l'on se munit de brindilles de kɔ̄r dām en guise de cure-dents lorsqu'on part en voyage, on peut être sûr que, là où l'on va, bière et alcool ne manqueront pas.
méd. L'infusion de racines de kɔ̄r dām et de kɔ̄r jìì est réputée soigner la blennorragie.

kɔ̄r jìì — *N*, (plante.initiation féminine), plante sauvage *sp.* (*cf.* kɔ̄r dām, *méd.*)

kɔ̄r ngìì — *N*, (plante.dent), plante sauvage *sp.*
méd. L'infusion de racines est réputée soigner l'hépatite.

kɔ̄sɔ̄ — *N*, caillou

kɔ̄ɔ̀r (kɔ̀r,kɔ̄r)	élever (un enfant)
kɔ̄ɔ̀r (kɔ̀r,kɔ̄r)	caqueter (en parlant des poules)
kɔ́tɔ̀	*Nd1*, espace compris entre la tempe et la mâchoire inférieure (*v. aussi* mbɔ́tɔ̀)
kɔ́lɔ̀ (kɔ̄lɔ̀,kɔ́lɔ̀)	faire la cour (à une femme) kɔ́lɔ̀ gún : être fiancés
kɔ́rɔ̀	*cf.* ndàà kɔ́rɔ̀
[kɔ́rbạ́]	*N*, serpent venimeux *sp.*
kòvò	*N*, arbre *sp.* : baobab?
kòl	*N*, girafe
kòròrò	*Nd2*, grand et rond nɔ́n-ɔ́ rē kòròrò : ⁄oeil-son/*copule*| - ⁄, il a de grands yeux ronds
kòrō	*N*, (*du sango*), âne
[kòɾōbị́ɲ]	*N*, (*composé probable* : kòrō.bíɲ), arbre *sp.* *croy.* Si l'on bat un chien avec une branche de kòrōbíɲ, il devient enragé.
kòrōng	*N*, petite mare, creux rempli d'eau (qu'on rencontre dans le Mandoul à la saison sèche)
[kòkó·lò]	*Nd1*, aisselle
[kọ̀ŋnị́]	*N*, (*composé probable* : kòng.ní), escargot; huître kòngní yāng sīī : *N*, (- .abri mortuaire), escargot *sp.* kòngní ʔólò : *N*, (- .Mandoul), escargot *sp.*, *Pila vernei*
kòò	*N*, placenta
kòō	*N*, 1. respiration 2. esprit, âme
kòōr mbòtò	*N*, (? .maladie), trachome (?)
kòōyò	*cf.* vàrà kòōyò
kòógyò	*cf.* bà kòógyò
kōló	manière, façon kōló tí : proverbe (*v. aussi* sūū tí)
kōró	*N*, mils *sp.* kōró mīɲ : *N*, (- .eau), mil *sp.*, *Sorghum caudatum* STAPF var. *feterita* STAPF (Graminées) kōró dúng-nú : *N*, (- .rouge), mil *sp.*, *Sorghum elegans* SNOWDEN var. *elegans* SNOWDEN (Graminées)
kōjóng	*N*, aube, petit matin entre 4 et 6 heures (*v. aussi* kàtàng)

kōgyō — *N*, arbre *sp.* : *Lophira alata* AUCT. (Ochnacées)
cul. On fait de l'huile avec l'amande du fruit.

kōō — *Nd1*, côté
kōō búr : flanc, côté; kōō nām : commissures des lèvres

kōō — *néo-fonctionnel?*, (*du mot précédent*), à côté de (*v. aussi* gārà)

kōō — *A*, (*de Nd1*), à côté
há rɔ̀ kōō : //il/habite+*inacc.*/à côté//, il habite à côté

kōō-rō — *N*, (*de* kōò "tousser"), toux; tuberculose
kōō-rō húú : coqueluche (?)

kōò
(kòò,kōō) — tousser

kōò (ɲíí)
(kòò,kōō) — manquer, ne pas suffire (à)
kōō : ce n'est pas assez!; kōò gìtì : être moins que

kóvó — *N*, battement de mains

[kótórạm] — *N*, miroir

kólō — *N*, oiseau

kólō dúng — *N*, (*cf.* .rouge), champignon comestible *sp.*

kólō kòngní — *N*, (*cf.* .huître), ibis sacré (?)

kólō kɔ̀vɔ̀ — *N*, (*cf.* .présage de mort), chat-huant (?) (son cri est considéré comme un présage de mort) (*v. aussi* kɔ̀vɔ̀)

kór — *N*, plante sauvage *sp.* à tubercules
cul. On fait bouillir le tubercule avec des feuilles de gɔ̄nɔ̄ pour en atténuer l'amertume.

kóró — *N*, écailles (de poisson), coquille (d'escargot, d'huître), enveloppe (d'épis de maïs), écorce (d'arbre) (*v. aussi* kôò)
kóró rīí nɔ́n : paupières

[kóróbīɲ] — *N*, (*composé probable* : kóró.bīɲ), champignon
kóróbīɲ mō : champignon qui vient de sortir de terre; kóróbīɲ dòvò (- .tambour *sp.*), kóróbīɲ yēlē dām (- . bière de mil *sp.*), kóróbīɲ ʔém (- .arbre): *N*, champignons *sp.*

kóró bíí — *N*, (*cf.* .noir), égratignure, écorchure (après s'être longuement gratté)

kóróró — *Nd2*, petit et rond

kónjòrò
(kōnjōrò,kónjórò) — couper en tranches, en morceaux

kóg — 1. *Nd1*, peau
kóg mbìtì : nymphes (de la vulve); kóg nām : lèvres
2. *N*, cuir, peau
kóg jūū : soufflet de forge (en peau de cabri) (*cf.* Realia)

kóg kɔ̀ɔ̄l — *N*, (*cf.* .tanné), plante sauvage *sp.* : *Triumfetta sp.* (Tiliacées) (*v. aussi* kôo kɔ̀ɔ̄l)
cul. La cendre de plante entre dans la composition du sel indigène.
techn. L'écorce est utilisée pour le tannage des peaux.

kóngɔ́ — *A*, naguère, jadis

kôo ʔém — *N*, écorce d'arbre (*v. aussi* kóró)

kôo kɔ̀ɔ̄l — *N*, (*cf.* .tanné), *cf.* kóg kɔ̀ɔ̄l

kôor (kōr, kór) — finir, terminer
kór : c'est fini

kò̰ — *N*, épine, piquant

kò̰ tōō-rɔ̄ — *N*, (*cf.* .blanc), arbre *sp.* : *Acacia sieberiana* D.C. (Mimosacées)

[kò̰·nḭ́] — *variante de* kòngní

kò̰ kūū — *N*, (*cf.* .rat?), plante sauvage *sp.* : *Asparagus africanus* LAM. (Liliacées)

kùmɔ̄ — *N*, magie, sorcellerie

kùmɔ̄ — *N*, arbre *sp.* : *Jatropha curcas* L. (Euphorbiacées)
méd. La sève est réputée guérir les plaies fraîches. Contre la blennorragie, on absorbe une seule graine qui provoque généralement diarrhées et vomissements.
cul. Pilée puis séchée, la graine est employée dans la préparation de la sauce longue.

kùmū — *variante de* kìmī

kùtɔ̄ɔ̀ — *N*, (*du français*), couteau (*v. aussi* sòmɔ̄)

[kùtùpə̰̂·] — *N*, (*du français*), coup de poing

kùtú — *N*, nasse *sp.* à une entrée (*cf.* Realia)

kùlúlūng — *N*, mille-pattes *sp.*

kùlkùtú — *N*, tronc, bûche d'arbre

kùrù — articulation (des membres, des doigts), noeud (de la canne de mil, etc.)
kùrù bò̰ : cheville; kùrù sōng : poignet

kùrù ndùgú — *N*, (*cf.* . ?), chenille *sp.*

kùsú — *N*, concombre cultivé : *Cucumis sativus* L.
kùsú ngín yēē : *N*, (- .excréments.chien), concombre sauvage, *Cucumis melo* L. var. *agrestis* NAUV. (Cucurbitacées) (non consommé)

kùgū — *N*, graminée sauvage *sp.*
techn. Elle est utilisée dans la confection de sécos et de chaumes.

[kù̱ŋgō]	*N*, couteau à pyrograver
[kù̱ŋgō]	*N*, crochet de gaule à fruit
kùù	*N*, 1. taillis, hallier 2. entrave de pieds pour aliéné
kùù sōng	*Nd1*, (*de* kúrù?.bras), pli, saignée du bras
kūndù (kùndūù,kūndù)	s'infecter, devenir purulent
kūlūng	*N*, petits morceaux de poterie que la potière incorpore, une fois pilés, à l'argile fraîche
kūrū	*N*, bracelet d'ivoire du chef de terre
kūrū	pli, bourrelet de graisse (sur le corps)
kūjú	*N*, cérémonies et rites funéraires kūjú ré ɗōnō, kūjú ré ndéɲ : petit sacrifice (cérémonie d'inhumation et sacrifices qui précèdent la mise en terre; de 10 à 30 jours après la mort); kūjú ré pàāy: grand sacrifice, cérémonie de levée de deuil (environ un an après le petit sacrifice)
kūgù (kùgūù,kūgù)	mettre en tas (des herbes, de la broussaille, des branchages) pour brûler
kūgrū	*Nd1*, dos (des omoplates aux reins)
kūgrū	*A*, (*du mot précédent*), en arrière, derrière há ndāgà kūgrū : //il/marche+*inacc.*/derrière//, il marche derrière
kūng	*Nd1*, nuque (*v. aussi* kɔ̄tɔ̄ kūng)
kūū	*N*, rat (rat, souris, etc.)
kúnɔ̀	*N*, plante sauvage *sp.*
kúlù	aussi
kú-rì (kū,kú)	installer, poser (un piège, un filet) kú-rì tīɲ : faire un foyer
kúrù (kūrù,kúrù)	plier (un membre; un tissu), rouler (une natte) (*v. aussi* 'bīrì)
kúrú	*N*, panier (en jonc ou en feuilles de ronier) de même forme et de même utilisation que ɗúúrù mais de taille moindre
kúrúrú	*A*, *intensif* (*attesté seulement avec* ˀɔ̄ɔ̀r "fatiguer")
kúú	*N*, corde, ficelle; anse d'un panier, d'un sac kúú bōg : chaîne; kúú dà : tendeur (d'un piège); kúú rɔ̄g : collier (pour animaux domestiques); kúú kʷìīy : fil de pêche, ligne

kúú kérē	*N*, (*cf.* . ?), piège-trappe à gros gibier (buffles, grandes antilopes, etc.) (*cf.* Realia)
kûù (kūū,kúú)	fabriquer, tailler dans le bois à l'aide d'une herminette (mortier, pilon, ruche, pirogue, etc.) kûù ngìì : tailler une dent en pointe (dans un but esthétique) (pour une femme)
kûù (kūū,kúú)	souffler (dans une trompe, dans un instrument de musique); siffler kûù ngòtîo : siffler à l'aide des mains; kûù ngòlò : siffler

g

gìmī — *N*, plantes sauvages *sp*.
gìmī ré vōō : *Triumfetta pentandra* A. RICH. (Tiliacées)
gìmī ré táná : *Melochia corchorifolia* L. (Sterculiacées)
techn. On fait des cordes avec la tige.

gìtì — *Nd1*, 1. assise, base, dessous de qqch.
gìtì bo̰, gìtì kāsā : talon du pied; gìtì búr : bassin, bas-ventre; gìtì lélè : dessous de la langue; gìtì nām : menton; gìtì nɔ́n : pommettes (*v. aussi* bo̰ nɔ́n)
2. racine (*v. aussi* ngìrà), rhizome, bulbe, tubercule
gìtì ngìì : racine de dent
3. poignée d'un instrument
gìtì jàà : poignée du couteau de jet
4. derrière, fesses ("fondement"); abdomen, arrière-train (d'un animal) 5. début, commencement, origine
ɲíí-nà sīpōng gìtì sūū : /tête-ma/oublie+*acc.*/début| conte/, j'ai oublié le début du conte; gìtì yór tōō-rō : est, levant; gìtì yór rɔ̀mɔ́ : ouest, couchant
6. espèce, race, ethnie

gìtì — *néo-fonctionnel?*, (*du mot précédent*), sous, au dessous de
há rɔ̀ gìtì ʔém : /il/dort+*inacc.*/sous| arbre/, il dort sous l'arbre

gìtì gínɛ́ɛ́ — *N*, (abdomen.dressé), termite *sp*.

gìtì gùnglùng — *N*, (rhizome.tordu), rhizome non consommé de hún

gìndī — *N*, petites tiges de fer utilisées pour fabriquer le fer de kɔ̀nɔ̄

gìndī gē — *N*, (*cf.* .*pl*.), 1. ascaridiose des enfants 2. plante sauvage *sp*. : *Rhynchosia minima* (L.) D.C. (Papilionacées)
méd. L'infusion de gìndī gē passe pour soigner l'ascaridiose.

gìndíìng — *N*, piège-collet *sp*. à petits animaux (rats, etc.) (*cf.* Realia)

[g̰ìndɔ́ɣɔ̀] (ɲíí ndògō)
N, plante cultivée *sp.* : *Momordica charantia* L. (Cucurbitacées) (on la fait souvent grimper sur la clôture des concessions)
cul. On utilise le fruit dans la sauce longue et dans jàām njòrò.

[g̰ìnɛ̀•]
Nd2, dont les fesses sont en saillie (en parlant d'une personne grande et/ou grosse)

gìrī
comme cela, de cette façon, ainsi (*v. aussi* sōngàāsíĩɲ, sɔ̰̄ɔ̰̀sɔ́ɔ̄)

gìrī
cf. nī gìrī

gìrí
1. *fonctionnel*, jusqu'à (*v. aussi* 'bákáká, bátí, mâârvâây, rútútú) 2. *subjonction*, jusqu'à ce que (*v. aussi* 'bákáká, mâârvâây)

gìrá
N, gros rapace *sp.*

gīrīm
Nd2, petit, court (*v. aussi* gòjì)

gīrīm bēlē
N, (*cf.* .souche d'arbre), souche d'arbre (*v. aussi* bēlē, 'dūndū ʔém, gīrīm ʔém)

gīrīm mbúgjú
Nd2, (*cf.* .nain), nain, minuscule (*v. aussi* mbúgjú, gīrīm gúrgúr, gúrgúr)

gīrīm ʔém
N, (*cf.* .arbre), souche d'arbre (*v. aussi* bēlē, 'dūndū ʔém, gīrīm bēlē)

gīrīm gúrgúr
Nd2, (*cf.* .nain), nain, minuscule (*v. aussi* mbúgjú, gīrīm mbúgjú, gúrgúr)

gīràng
cf. mbɔ́l mbĩɲā gīràng

gījà ([gìjɛ̀•],gījà)
1. roter 2. ruminer

gījà ([gìjɛ̀•],gījà)
verser, vider qqch. à partir d'un récipient plus ou moins fermé (sac, gourde, etc.)
gījà kánì : jeter

gīìm (gìm,gīm)
1. briser, casser qqch. de droit et de rigide (bâton, membre, etc.), abattre (un arbre, une case, etc.)
yāng gīm : /case/casse+*acc.*/, la case s'est affaissée; gīìm tí rē ɲíí, gīìm tí rē nām : accuser; gīìm tí ré ngāmnā : accuser volontairement à tort
2. diminuer, abattre, affaiblir (en parlant de qqn)
gú gūm-ɔ́ : /fièvre/abat+*acc.*-lui/, la fièvre l'a abattu

gív
N, arbre *sp.* : *Daniellia oliveri* (Césalpiniacées)
techn. Le bois est utilisé pour fabriquer mortiers, pilons, pirogues, etc.
En mélangeant de la sève de gív à de la sève de karité, on obtient un gluau à oiseaux.

gítì
Nd1, 1. reste, ce qui reste
há kàà gítì kōró : /il/ramasse+*inacc.*/reste|*Sorghum sp.*//, il ramasse le reste de mil kōró

2, après, ce qui vient après, derrière
mɔ́ ndáv-ɔ gítíi͂ɲ : /ils/mettent au monde+*acc.*-lui/après+mon/, il est né après moi

gítì
A, (*du mot précédent*), derrière (*v. aussi* ʔə̄, kūgrū), après

gítì
néo-fonctionnel?, (*de Nd1*), derrière (*v. aussi* ʔə̄), après

[gɨ́nɛ́·]
Nd2, 1. dont les fesses sont en saillie (en parlant d'une personne mince ou de petite taille) 2. à l'abdomen dressé (en parlant d'un scorpion, du termite gìtì gínɛ́ɛ́, etc.)

gílì (gīlì, gílì)
chatouiller

gílà
bosse, enflure résultant d'une tumeur, d'une poche de pus sous-cutanée (*v. aussi* yīrí)

gírāng
N, 1. supports matériels des cultes (mbásā, hə̄, hɔ̀rìɔ̀, etc.) 2. les cultes eux-mêmes 3. puissances auxquelles sont adressés sacrifices et prières

gíjírì (gījīrì, gíjírì)
1. broyer, écraser (par pression) 2. masser (une bosse, etc.), (se)frotter (les yeux)

gîìv (gīv, gív)
couper, tailler par pression (avec un couteau notamment)
gîìv dāā : récolter le mil; gîìv tə̄ : circoncire; gîìv lâɲ : exciser (clitoridectomie); gîìv kítī kítī : couper en petits morceaux, hacher menu

gèrè
N, couteau à pyrograver (*v. aussi* kùngō)

gèngrèng
Nd2, bosse (du dos, du cou)
ʔâàɲ rē gèngrèng : /dos+mon/*copule*|bosse/, je suis bossu

gèè
N, miettes de grain, grains mal broyés que l'on repile

gē
pluralisateur

gēr
N, graminées sauvages *sp.*
gēr bíí : *N*, (- .noir), graminée *sp.*
gēr tōō-rō : *N*, (- .blanc), *Andropogon sp.*
techn. Elles sont utilisées pour la confection des sécos.

gērì (gèrē, gērē)
1. montrer
há gēríìng yāng ʔòòng : /il/montre+*acc.*+moi/case|ta/, il m'a montré ta case; gērì tí : conseiller
2. dire, raconter
gēríìng jōō vāā sííɲ : /dis!+moi/nom|enfant|ce/, dis-moi le nom de cet enfant qui est couché là-bas
3. compter
há dúú gērì sè rē : /il/sait+*acc.*/compter|chose/*négation*/, il ne sait pas compter

gévrì (gēvrē,gévrē) — faire du bruit

gévré — *N*, (*de* gévrì), bruit (*v. aussi* ndūū)

gévjè (gēvjè,gévjè) — détruire (une case, un grenier, etc.)

géjígéjí — (*composé probable* : géjí.géjí), vraiment, sûrement

gàmɔ̄ — *N*, faim
gàmɔ̄ kērì, gàmɔ̄ ?âam : avoir faim; gàmɔ̄ mānā bír-à : /faim/tord+*inacc.*/ventre-mon/, la faim me tenaille

gàtà — *N*, nasse *sp.* à une entrée (analogue à làvɔ̄ mais en filet)

gàlā — *N*, graminées sauvages *sp.*
gàlā vɔ̄ɔ̄ : *N*, (- .femelle), autre nom de gēr
gàlā táná : *N*, (- .mâle), *Cymbopogon giganteus*

gàsásà — *N*, bouteille (*v. aussi* bìtɛ̀ɛ̀l)

gàjà — *N*, amulette, gri-gri

gàjà — *Nd?*, fourche (de qqch.)
gàjà mīɲ : fourche formée par le confluent de deux cours d'eau; gàjà lángá sɔ̄ng : entre-doigt; gàjà ?ém : fourche formée par les branches d'un arbre

gàjà gɔ̰̄ɔ̰́ — *N*, (*cf.* . ?), support de calebasse en forme de fourche (*cf.* Realia)

gàgà — *N*, sagaie à fer barbelé (*v. aussi* sòngʷèy) (*cf.* Realia)

gàgà — *N*, silure *sp.* : *Chrysichthys auratus*

gàà — *N*, bouillie
gàà gɔ̀mɔ̄ yàrā gàà sùù rē (PROVERBE) : /bouillie|faim/recherche+*inacc.*/bouillie|tamarinier/*négation*/, la bouillie de la faim ne recherche pas la bouillie aux tamarins

gàà — *Nd?*, bord, berge (d'un cours d'eau, d'un étang)

gàà — *N/Nd1*, année, an
gàà-rììng rē dà : /année-ta/*copule*|combien/, quel âge as-tu?; gàà-rɔ́ rē mò : /année-sa/*copule*|dix/, il a dix ans

gàà jì nī — *N*, (saisit+*inacc.*.reste+*inacc.*.avec), plante sauvage *sp.* parasite du mil (elle s'enroule autour de la tige)

gàām — *N*, piège-collet *sp.* à oiseau (échassiers, canards, etc.) (on le tend souvent au fil de l'eau) (*cf.* Realia)

[gă·gɔ̰̄] — *N*, mante religieuse

gātā — *Nd1*, prix

gānì (gànā,gānā) — partager, faire le partage (*v. aussi* kíɲà) há gàn ā jàà yāá nīí gē (há gànā yāá nīí gē jàà) : //il/partage+*inacc.*/argent/frères+ses|*pl.*//, il partage l'argent avec ses frères; sè gānì kōō ɲíí-nà : //chose partager/manque+*acc.*/tête-ma//, je n'ai pas eu ma part

gārà — *Nd1*, côté

gārà — *néo-fonctionnel?*, (*du mot précédent*), à côté de (*v. aussi* kōō)

gārā — *N*, cérémonie de mariage

gājā gǭǭ́ — *variante de* gàjà gǭǭ́

gāgrā — *N*, arbre *sp.* : *Hymenocardia acida* TUL. (Euphorbiacées) (?)
cul. Les fleurs de gāgrā (kɔ̀ndì) sont à la base de la sauce yɔ̀g kɔ̀ndì.
méd. La poudre qu'on trouve sur l'écorce est réputée guérir les blessures.

gāngnì (gàngnā, gāngnā) — croire, se fier à; penser, présumer (que)
gāngnì tí : penser, réfléchir; avoir de la peine, du chagrin; se faire du souci; gāngnì ná : penser, croire que; gāngnì ɲíí : penser, songer à

gāā — *N*, marque; dessin
gāā mè : décoration de poterie (faite avec ʔém mè); gāā dàā sōng : lignes de la main; gāā kɔ́tɔ̀ : scarifications (esthétiques ou initiatiques); gāā ngû̀ : pyrogravures de calebasse

gāà (gàà, gāā) — saisir, attraper, capturer
mīɲ gāà : //eau/saisit+*acc.*+lui//, il s'est noyé; gāà nī dògó, gāà nī kùmɔ̄ : ensorceler, envoûter; gāà jī-rì búr : avoir de la rancune contre (qqn); gāà yē lēèl : faire un effort, redoubler d'effort, de courage

gāà sūū — *N*, (marque.Sou), naevus, grain de beauté

gāàv (gàv, gāv) — secourir, venir en aide, sauver

gāàn (mbààgē) (gàn, gān) — faire le mbààgē (*v. aussi* jôn mbààgē)

gāàl (gàl, gāl) — brûler en faisant des flammes
gāàl ʔór : flammes

gāàr (gàr, gār) — 1. être beau, bien serré, bien garni (en parlant d'un champ de céréales, d'arachides, etc.)
kōró ʔùú gār : //*Sorghum sp.*| ton/est beau//, tu as un beau champ de kōró
2. convenir, aller comme un gant; être bon pour, être fait pour
jóng sɔ́ɔ̄ rè gàr vɔ̀g : //endroit|ce/*futur*|convient+*inacc.*/culture//, cet endroit conviendra à la culture (ce sera un bon champ)

gāàɲ (gàɲ, gāɲ) — fondre, faire fondre, ramollir, faire ramollir (fer, cire d'abeille, etc.)

gāà̰y (ʔə̰̄)
(gà̰y,gā̰y)
encercler, entourer

gávrà
Nd1, 1. bord, rebord
gávrà (dàā) sɔ̄ng : tranchant de la main
2. profil, côté
há sí nī gávrὲε : //il/est couché/avec|côté+son//, il est couché sur le côté

gándà bò̰
Nd1, (? .jambe), mollet, face interne de la jambe

gálà (bò̰)
Nd1, 1. entre-jambe 2. sexe de la femme

gárá
N, couronne de paille sur laquelle on dépose un récipient (marmite, jarre, etc.) pour le maintenir droit
gárá yāng : cerceau (de gàlā tánán, dìīmtéélé, etc.) fixant le chaume des toits coniques à la charpente (contre le vent) (*cf.* Realia); cerceau horizontal (en gàlā tánán, etc.) consolidant l'armature intérieure des toits coniques; traverse (canne de sīɲ, kɔ̄rɔ́, dɔ̄r, etc.) des toits à un ou deux versants

gárngàtà
N, poisson *sp.*

gángā
N, grand tambour de fête

gángnà
Nd1, côte, flanc, côté

[gʷà̰ɲ] tə̰̄
Nd1, (? .queue), queue (d'animal) (*v. aussi* tə̰̄)

gə̰̄
N, querelle

gə̰̄ə̰̀
(gə̰̀,gə̰̄)
1. regarder à l'intérieur de qqch. (d'une case, d'un trou, d'une jarre, etc.) 2. observer qqn, qqch. de sa cachette, épier

gɔ̀mɔ̄
variante de gàmɔ̄

gɔ̀l
N, bâton de jet (l'extrémité percutante est légèrement arquée)

gɔ̀l kéèv
N, (*cf.*. ?), canne à main

gɔ̀lɔ́ rɔ̄g
Nd1, (? .cou), pomme d'Adam

gɔ̀rgɔ̀tɔ̀
N, bouillie très épaisse préparée avec gèè

gɔ̀rgɔ̀tɔ̀ ʔíɲá
N, (? .ronier), branche de ronier

gɔ̀jɔ̀
N, mil rouge *sp.* : *Sorghum caudatum* STAPF var. *colorans* SNOWDEN (Graminées)

gɔ̀grɔ̀
N, lieu-dit : île au milieu du Mandoul; marché qui s'y tient chaque samedi

gɔ̀grɔ̀
Nd1, poitrine (homme et femme), poitrail, fanon
gɔ̀grɔ̀ dà : partie fixe des pièges à ressort (*cf.* Realia); gɔ̀grɔ̀ dàā bò̰ : callosité antérieure du pied; gɔ̀grɔ̀ dàā sɔ̄ng : callosité de la paume

gɔ̀ɔ̄ŋɔ̀ — *N*, plante sauvage *sp.* à tubercules : *Cochlospermum tinctorium* A. RICH. (Cochlospermacées)
cul. Avec le tubercule réduit en farine, on fait la bouillie gàà gɔ̀ɔ̄ŋɔ̀.
méd. La pâte obtenue en écrasant le tubercule est réputée soigner les blessures : elle aurait la vertu, entre autres, de faire sortir les pointes, les échardes.

gɔ̀ɔ́l — *N*, petit oiseau *sp.* (*fr. loc.* "gendarme")

gɔ̄nɔ̄ — *N*, plante sauvage *sp.*
techn. Elle retire, ou du moins atténue, l'amertume des tubercules (kór, par exemple) avec lesquels on la fait cuire.

gɔ̄lɔ̄ ɲíí bùù — *N*, (? .tête.poulet), crête de poulet

gɔ̄ɔ̀r (gɔ̀r,gɔ̄r) — 1. apprendre
há gɔ̀r tīī gōō : /il/apprend+*inacc.*/aller|chasse/, il apprend à chasser; gɔ̄ɔ̀r nī : enseigner, apprendre; hı̀ɲ gɔ̀r-ɔ́ nī vā-rì jàà : /je/apprends+*inacc.*-lui/avec|lancer|couteau de jet/, je lui apprends à lancer le couteau de jet
2. imiter
dòōlò gɔ̀r lòvò rē (PROVERBE) : /milan/imite+*inacc.*/marabout/*négation*/, le milan n'imite pas le marabout; gɔ̄ɔ̀r kɔ̀vɔ̀ : (*lit.* "imiter le chat-huant") souhaiter la mort, appeler la mort (*v. aussi* kērì kɔ̀vɔ̄)

gòvôòng — *Nd2*, qui a les yeux plus gros que le ventre, qui se sert copieusement mais est très vite rassasié

gòtò — *N*, pigeon *sp.*
gòtò mbààgē : *N*, (- .procédé géomancique du devin), gros pigeon tacheté *sp.*

gòtò — *Nd1*, place (*v. aussi* dòrò)
gòtò bọ̀ : empreintes, traces laissées par un homme ou un animal à l'arrêt, par une chose

gòtò tí — *N*, (place.parole), histoire, récit

gòrò — *N*, nasse *sp.* à une entrée (*cf.* Realia)

[gòjì] — *Nd2*, petit, court (*v. aussi* gīrīm)

gògjò — *Nd2*, 1. proéminent, saillant (en parlant de la rotule du genou, notamment), exorbité (en parlant des yeux)
2. sans cils, aux cils rentrés (en parlant d'un oeil atteint de trachome)

gòngò — *N*, enclos à animaux domestiques (à cabris notamment)

gònggòng — (*composé probable* : gòng.gòng), droit, rectiligne

gōlō — *N*, lion
gōlō ré vōō : lionne

gō-rì (gò,gō) — 1. voir 2. trouver

gōō	*N*, chasse (*v. aussi* mbùrɔ̄)
gōō	*N*, trou creusé dans un arbre par un animal
gōōrɔ̄	*N*, aire de séchage du mil
gó-rì (gō,gó)	tirer qqch.
gó-rì (gō,gó)	souffler (en parlant du vent) sèèrā gō : /vent/souffle+*inacc.*/, le vent souffle
gó-rì (gō,gó)	planer (en parlant d'un oiseau)
górō	*N*, noix de kola
gọ̰̀	1. *Nd1*, coeur (organe) 2. *N*, tambour
gọ̰̀	*N*, plante cultivée *sp.*
gọ̰̀ vɔ̀g	*N*, (tambour.culture), celui qui a la réputation d'être un bon cultivateur
gọ̰̀ gōō	*N*, (tambour.chasse), celui qui a la réputation d'être un grand chasseur
gọ̰̀ọ̰̄	*cf.* dānā gọ̰̀ọ̰̄
gọ̰̄ọ̰́	*cf.* gàjà gọ̰̄ọ̰́
gùngùn	*N*, (*composé probable* : gùn.gùn), rat d'eau *sp.*
gùrúrù	*N*, 1. cratère d'une vieille termitière mbūú décapitée où nichent des rongeurs, des petits animaux, des insectes (abeilles, guêpes, etc.) 2. fond de jarre gùrúrù ʔà būù, gùrúrù ʔà yíì : abreuvoir à poules, à cabris (fait d'un fond de jarre)
gùnglùng	*Nd2*, tordu, courbé
gūrú	*N*, silure *sp.* : *Heterobranchus bidorsalis*
[gūjạ̄]	*N*, félin tacheté *sp.* : serval ?
gūù (gùù,gūū)	1. tromper, mystifier gūù gú : *même sens* 2. abuser de qqn, le pousser à mal agir 3. faire peur 4. consoler (un enfant) 5. flatter
gú	*N*, 1. tromperie 2. initiation des garçons
gú	*N*, fièvre; rhume gú kērì : avoir de la fièvre; être enrhumé; gú túng yūú : //fièvre/cesse+*acc.*/corps+son//, il n'a plus de fièvre (ou : son rhume s'est arrêté)
gún	*A, marque la réciprocité (il est obligatoirement complété par une modalité personnelle, sauf lorsque le verbal de rattachement est à la forme verbo-nominale)*

ndéé ré ɗām ndɔ̄ɔ̀g ʔīm gún-vɔ̀ : //gens|*dét.*|alcool|rendre fou/battent+*inacc.*/ensemble-eux//, les ivrognes se battent

gún — *Nd1*, (*de A*), ami, camarade (*v. surtout* bɔ́r gún, vāā gún) há gànā hōlō ɗāā gún-ɔ́ gē: //il/partage+*inacc.*/boule|gâteau de mil/camarade-son|*pl.*//, il distribue les petites boules à ses camarades

gú-rì (gū,gú) — soigner, guérir

gúrsù — *N*, (*de l'arabe*), argent (*v. aussi* jàà)

gúrgúr — *Nd2*, (*composé probable* : gúr.gúr), de très petite taille, minuscule (*v. aussi* mbúgjú, gīrīm mbúgjú, gīrīm gúrgúr)

gúùn (gūn,gún) — fermer légèrement les yeux en hochant doucement la tête pour marquer son mécontentement, sa colère, menacer des yeux

gúùl bàrì — *N*, (? .mur), coin de mur (*v. aussi* kílì)

ng

ngìnà kūgrū	*Nd1*, (? .dos), colonne vertébrale
ngìlà	*N*, 1. rancune, ressentiment 2. adultère (?) ngìlà jì búr-ɔ̀ ná ʔām vāā sōng-ɔ̀ (PROVERBE) : //adultère/reste+*inacc.*/ventre-ton/alors/tue+*inacc.*/enfant|braston//, l'adultère non avoué tue ton enfant
ngìrà	*Nd1*, 1. veine, tendon, nerf ngìrà bo̰ : tendon d'Achille 2. racine (d'un arbre, etc.) ngìrà ngìì : racine d'une dent (*v. aussi* gìtì ngìì)
ngìrà bo̰ dàná	*N*, (tendon d'Achille.grillon *sp.*), plante sauvage *sp.* : *Gloriosa simplex* L. (Liliacées) (le bulbe est toxique; il serait à l'origine de bien des empoisonnements...)
ngìngìngì	*Nd2*, (*composé probable* : ngì.ngì.ngì), grand et gros, énorme
ngìì	*Nd1*, dent ngìì ré nām nə̄ : (*lit.* "dent de l'entrée du passage") incisives; ngìì ɲá : défense d'éléphant; ngìì ré yōò : brèche-dent des incisives (provoqué dans un but esthétique); ngìì ré gīìm : brèche-dent (*v. aussi* ngìì vìlèng)
ngìì vìlèng	(*cf.* . ?), brèche-dent (*v. aussi* ngìì ré gīìm)
ngīmí	*Nd1*, testicules, bourses
ngīmí yēē	*N*, (*cf.* .chien), plante sauvage *sp.* à tubercules : *Merremia sp.* (Convolvulacées) (?)
ngīnī	fin d'une suite (*connotation souvent péjorative* : quand le forgeron fabrique plusieurs fers de sagaie à la suite, le dernier est souvent bâclé...)
ngīnī vāā	*N*, (*cf.* .enfant), benjamin; enfant mal fait, mal conformé, avorton (*v. aussi* vāā ré ngīnī)
ngīnī jàà	*N*, (*cf.* .couteau), couteau à tresser (notamment le van

	et la gibecière ngàmbérē)
ngīn jàà	*variante de* ngīnī jàà
[ŋgīɾạ̄vạ̄ɲ́]	*N*, sauterelle *sp.*
ngīìn ngín (ngìn,ngīn)	déféquer
ngín	*N*, (*de* ngīìn), excréments ngín jūū : déchets de forge
ngísā	*N*, pou (d'hommes et d'animaux)
[ŋgʷɪ̀ɲ̄]	*Nd1?*, bosse (naturelle ou accidentelle) súr-ɔ rē ngʷīɲ : //front-son/*copule*|bosse//, il a une bosse au front; ngʷīɲ nɔ́n : arcade sourcilière; ngʷìɲ ɲíí rūū : bosse de terre
[ŋgʷɪ̄ɲ́]	*N*, oiseau *sp.*
[ŋgèmbéɾē]	*variante de* ngàmbérē
ngètè	*N*, arbre *sp.* (on utilise l'écorce pour faire des cordes)
ngèr	*N*, dermatose *sp.* : impetigo?
ngèr gìtì	*Nd1*, (? .derrière), séant, fesses (ce avec quoi on s' assoit) ɲíí ngèr gìtì : coccyx
ngèē	*N*, étui à couteaux de jet (en peau de buffle)
ngēlé búr	*Nd1*, (*rend l'idée d'étroitesse et de longueur*.ventre), intestin
ngélē	*N*, natron sɔ̄g ngélē : *même sens*
ngélngél	*Nd2*, (*composé probable* : ngél.ngél), étroit et allongé
ngéêm (ngēèm,ngéêm)	*variante de* ngóôm
[ŋgʷêy]	*N*, (*emprunt?*), fin, terme nām ngʷêey : *même sens*
[ŋgạ̀'bɔ̄ɾ]	*N*, gâteau de courge *cul.* On coupe une courge rùúng en très petits morceaux que l'on fait sécher. Puis on les pile dans le mortier en incorporant de la farine de haricot et un peu de farine d'arachide. Enfin, on enveloppe le produit dans une feuille (de mil, par exemple) et l'on fait cuire dans l'eau.
[ŋgạ̀mbéɾē]	*N*, gibecière à poisson (en feuilles de ronier) (*cf.* Realia)
ngàmjàlà	*N*, effort violent, soudain et momentané nə̄ə̀ ngàmjàlà, kērì ngàmjàlà : faire un violent effort

ngàvɔ̀	*Nd1*, fond (de l'oreille; d'un puits, d'un récipient, etc.)
ngàná	*N*, gale
ngàlá	*N*, grenouille *sp.*
ngàríngàng	*N*, 1. araignée (*sp.?*) 2. longues pinces du forgeron (*cf.* Realia)
ngàsâàlá (bìnā)	*N*, premier son du mil
ngàɲà gìtì	*Nd1*, (? .derrière), raie des fesses
ngàngnì	*Nd2*, querelleur, hargneux, provocateur
ngànggárà	*Nd1*, palais, gorge
ngàarā búr	*Nd1*, (? .ventre), 1. papilles, intérieur de l'estomac d'un animal 2. tréfonds, fond de soi-même, fond du coeur
ngāmnā	*N*, (*de* ngámnà), mensonge (*v. aussi* bārá) bèré ngāmnā : menteur, vantard
ngāngā	*N*, ver *sp.* vivant dans l'abri des chèvres
ngāngā	*N*, carie, abcès dentaire ngāngā kērì : avoir une carie
ngāārà	*N*, chef ngāārà kàà : reine d'une termitière
ngāārà bɔ̰̀	*Nd1*, (chef?.pied), voûte plantaire
ngāārà ʔém ndògō	*N*, (*cf.* .arbre.clôture), chef de terre (au sein même de sa concession familiale, le chef de terre possède un espace sacré ceint de hauts poteaux de bois plantés en terre où sont ses gírāng)
ngāārà kàà	*N*, très gros termite *sp.*
ngámnà (ngāmnà, ngámnà)	mentir (*v. aussi* mbáyà, jāàn)
ngáláng	*A*, tout, sans rien laisser (*v. aussi* kānā) ʔór yī ngáláng : //feu/brûle+*acc.*/tout//, tout a brûlé; vērē ngáláng kānā : //il n'y a pas/rien/rien//, il n'y a plus rien du tout
ngáɲ	*A*, (*du ngambay ?*), beaucoup (*v. aussi* bààbò)
[ŋgʷǎ̰y]	*A*, (*emprunt?*), 1. près, proche 2. tout de suite ngʷàáy gìrī : tout de suite
[ŋgʷǎ̰y] nī	*fonctionnel*, (*cf.* .avec), près de
ngə̰̀ə̰̄	*N*, corbeau
ngɔ̀r bɔ̀gɔ́	*N*, (? .grumeau) 1. grumeaux volontairement provoqués de la bouillie de son dāā bìnā 2. oiseau *sp.*

ngɔ̀ngɔ̀ — *N*, sac (de toile ou de peau : cabri, antilope, etc.)
ngɔ̀ngɔ̀ búr : estomac (*v. aussi* jògò búr)

ngɔ̀ngɔ̄ — *N*, particules de boule qui restent attachées à la marmite après la cuisson
ngɔ̀ngɔ̄ mbúr : morve sèche

ngɔ̀ɔ̄l — *N*, 1. fiente 2. chassie

ngɔ̀ɔ̄l būù — *N*, (fiente.poule), champignon comestible *sp.*

ngɔ́ɲɔ̀ — *N*, hernie étranglée
tē-rì nī ngɔ́ɲɔ̀, ngɔ́ɲɔ̀ kērì : avoir une hernie étranglée

[ŋgòtîo] — *N*, sifflement effectué à l'aide des mains

ngòlò — *N*, 1. criquet 2. sifflement

ngòròng — *N*, petite faucille

ngòrōng — *A?*, rasé (en parlant des cheveux)
há bā ɲú-nɔ́ ngòrōng : //il/rase+*acc.*/tête-sa/ - //, il s'est rasé complètement la tête

[ŋgòɾí] — *variante de* ngòró

ngòró — *rend l'idée de rondeur*
ngòró bo̰ : os de la cheville; ngòró sōng : os saillants de la main et du poignet

ngòsò — *Nd1*, genou

[ŋgò̰ŋnḭ̄] — *N*, 1. plaie qu'on ne parvient pas à guérir 2. tétanos (?)

[ŋgò̰ŋɲò̰·gē] — (*composé probable* : ngòōng.ɲò.gē, / ? . ? .*pl.*/), *cf.* dāā ngòōngɲògē

[ŋgòɾkṵ́mɔ̰̀] — *N*, (*composé probable* : ngòór.kúmɔ̀), fruit de bón

ngōóng — *numéral*, un
ngōóng gìrī : un seul

ngóròò — *Nd2*, jeune, petit (en âge); enfantin, puéril (en parlant d'un adulte)
vāā ré ngóròò : enfant, jeune (jusqu'à 14 ans environ)

[ŋgôm] ([ŋgōm,ŋgôm]) — (*du ngambaye?*), garder, conserver (*v. surtout* nṵ̄ùng)
ngôom nī jōō : garder pour soi, s'approprier; ngôom yē : garder avec soi; ngôom nī yē : garder, prendre qqch. pour son bien, pour se protéger

[ŋgôi] — *variante de* ngʷêey

ngùn — *Nd2*, gros et rentré (en parlant du derrière) (par opposition à gìnɛ̀ɛ̀)

ngùnjùlù — *N*, champignon comestible *sp.*

ngùr — *N*, 1. faim de viande
ngùr kèrēé bàabò : //faim de viande/fait+*inacc*+lui/beau-

coup/, il a très faim de viande
2. envie

[ŋgùŕkútū] *N*, (*composé probable* : ngùúr.kútū), arbre *sp.* : *Strychnos spinosa* LAM. (Loganiacées)

ngūmú *variante de* ngīmí

[ŋgūtạ̄] *N*, arbre *sp.* : *Sarcocephalus esculentus* AFZ. (Rubiacées) (le fruit est consommé cru)
méd. L'infusion de racines est réputée soigner l'hernie étranglée.

[ŋgūɾsì̩ɲ] *N*, fourmi noire *sp.*

[ŋgùɾkì̩ɲ] *variante de* ngūrsìīɲ

ngún *Nd2*, petit et rentré (en parlant du derrière) (par opposition à gínɛ́ɛ́)

ngúlū *Nd2*, étroit et sombre (en parlant d'un trou, d'un sentier) (*v. aussi* ngúlúlú)

ngúlū ló̰ (*cf.* .étroit et sombre), très étroit et très sombre

ngúlúlú *Nd2*, (*de* ngúlū?), étroit et sombre (en parlant d'un trou, d'un sentier) (*v. aussi* ngúlū)

ngûù *N*, 1. calebassier *sp.* : *Lagenaria siceraria* STANDLEY (= *L. vulgaris* SERINGE) (Cucurbitacées) 2. calebasse dont l'intérieur a été noirci au feu et où l'on met la boule une fois cuite
ngûù pɔ̄g : écope; ngûù nɔ́n : orbite, creux de l'oeil; ngûù ʔém : récipient en bois de mêmes forme et usage que ngûù (*v. aussi* bùūgrù); ngûù (ʔə̰̄) kīvì : carapace de tortue

h

hìŋ	*personnel sujet 1° pers. sing.*
hìy	*personnel sujet 3° pers. sing. réflexif*
[hèɾbò]	*Nd2*, glouton, qui n'est jamais rassasié
héèm (hēm,hém)	envelopper complètement qqch. héèm mɔ̄mɔ̄ : *même sens*
hà	*personnel sujet 2° pers. sing.*
hàvlà	*N*, chicotte à corps plat (en peau de buffle ou d'hippopotame)
hàní	*A?*, là-bas
hàyá	*A?*, ici, là
[hàʷwò]	*Nd?*, nouvelle, rumeur
hàā̄y	*interrogatif*, où? hà bɔ̄r hàā̄y : //tu/sors+*inacc.*/où//, d'où viens-tu?; hà tè hàā̄y : //tu/vas+*inacc.*/où//, où vas-tu?
hā̀am (hàm,hām)	1. saisir qqch., prendre en pinçant hā̀am nī : rassembler, mettre ensemble 2. pincer qqn (entre le pouce et l'index replié) 3. voler, chiper; tricher au jeu
hā̀am (hàm,hām)	mélanger
hā̀ar (hàr,hār)	rassembler, réunir, grouper
há	*personnel sujet 3° pers. sing. non réflexif*
[há̧dìsó·]	*N*, 1. plante sauvage *sp.* : *Leptadenia hastata* (PERS.) DECNE. (Asclépiadacées) (la sève ferait éternuer) *cul.* On prépare avec les feuilles la sauce yɔ̀g sɔ́g hádìsó.

méd. L'infusion de feuilles passe pour soigner l'hépatite.
2. éternuement
sə̄ə̀m hádìsó : éternuer

háyà
N, long bâton servant à faire des poquets (même usage que vàrā ʔém) (*cf.* Realia)

háá
Nd?, place, endroit, lieu
háá bùù : cour, place (à l'extérieur de la concession, à l'ombre des manguiers); háá vôong : endroit où l'on danse; háá sīī : place mortuaire où l'on pleure un mort

háá
Nd1, dessous de qqch. (*v. surtout* gìtì)
háá búr-ɔ́ mùn-ɔ́ : //dessous|ventre-son/fait mal+*inacc.*-lui//, il a mal au bas du ventre

háá
néo-fonctionnel?, (*de Nd1*), sous, au dessous de (*v. surtout* gìtì)

hâa
(hāà,hâa)
médire, dénigrer

hâąy
N, pagaie

hə̰̄
N, 1. oeuf 2. oignon sauvage *sp.* : *Dipcadi longifolium* BAK. (Liliacées) (?)
méd. Il est réputé soigner les maux de ventre et les empoisonnements.

hɔ̀lɔ́
N, petit rat vivant près des habitations

[hɔ̀ɾɪɔ̀]
N, 1. autel sur lequel le chef de terre sacrifie les prémices du mil kàmsà 2. le sacrifice
ethn. Au moment de la récolte du mil précoce kàmsà, aux alentours du mois de septembre (c'est-à-dire bien avant la récolte des autres mils), le chef de terre fait cueillir des épis de kàmsà avec lesquels il fait préparer de la bière et un peu de boule. Puis il présente la bière, la boule et de la sauce au poisson à hɔ̀riɔ̀ (arbre ou oignon hə̰̄?) et en dépose un peu sur le gírāng. Et il distribue la bière restante à l'ensemble du village
Ce faisant, le ngāārà ʔém ndògō dissipe la discorde entre les gens, anéantit les pensées belliqueuses, conjure l'hostilité des villages voisins.

[hɔ̄͜àɲ]
([hɔ̀͜aɲ,hɔ̄͜āɲ])
tresser une corde, les cheveux à la manière des gens du nord, etc.

[hɔ͜ây]
N, piège-collet *sp.* à grands mammifères (buffles, grandes antilopes, etc.) (*cf.* Realia)

hòg
N, plantes *sp.* (*fr. loc.* "gombo")
hòg pīī : *N*, (- .saison des pluies), plante cultivée *sp.*
hòg mbúng : *N*, (- .farine), plante sauvage *sp.*, *Ceratotheca sesamoides* ENDL. (Pédaliacées)
hòg ndìlà : *N*, (- .saison sèche), gombo, *Hibiscus esculentus* L. (Malvacées)

hòg nām vàrā : *N*, (- .tranchant.houe), plante sauvage *sp.*, *Solanum sp.* (Solanacées) (?)
hòg gìtì kàrā : *N*, (- .dessous. ?), plante sauvage *sp.*, *Corchorus tridens* L. (Tiliacées)
hòg tángní (- . ?), hòg ʔóló (- .Mandoul) : *N*, plantes sauvages *sp.*
cul. Les feuilles de hòg pīī, hòg ndìlà, hòg tángní, hòg gìtì kàrā, hòg ʔóló sont utilisées dans les sauces yɔ̀g nīng et yɔ̀g jí; hòg pīī, hòg ndìlà, hòg nām vàrā, hòg ʔóló entrent dans yɔ̀g hòg; hòg tángní, dans yɔ̀g 'bɔ́tō et yɔ̀g hòg tángní. Il semble que hòg mbúng ne soit pas employé à Bouna.

hō — *fonctionnel?*, (*de* hó-rì?), à (*attributif*)
ʔàà ʔà tòlò dìlɛ̄ɛ̄ ʔáāy hō tòlò (PROVERBE) : //concession| *dét.*| mésange-rémiz/tourne+*inacc.*/dos+son/à|mésange-rémiz//, la concession de mésange-rémiz lui tourne le dos (le nid de la mésange-rémiz est suspendu et tourne au gré des vents)

hō — *subjonction?*, 1. au point que, si bien que 2. pour que

hōlō — *Nd1*, boule, qui a la forme d'une boule
hōlō dāā : petite boule de mil, notamment, qu'on distribue à chaque convive lors d'une fête; hōlō gìtì : les fesses

hōò (hòò,hòò) — rassasier, être rassasié
mbūūrú hō ná ʔìɲ nà táníy hō ʔáng (PROVERBE) : //sottise/est rassasiée/alors/dit+*inacc.*/que/mari+son/est rassasié/aussi//, lorsqu'elle est rassasiée, l'idiote dit que son mari l'est aussi; hōò dòi : gonfler, être gonflé, ballonné

hó...*acc.* — *subjonction*, pour que, afin que (*v. aussi* nī jōō)
há lɔ̀l jóng héey kērē vɔ̀g : //il/défriche+*inacc.*/étendue/pour que...+il/fait+...*acc.*/champ// , il défriche pour faire un champ

hó...*acc.*...yā — *relatif* (*le déterminé est prédiqué du prédicat 1; sinon v.* ʔōō...yā)
rē jāā hó yé yā : //*aux.préd.*| Jean/*rela...*/triche+...*acc.*/ ...*tif*/, c'est Jean qui a triché (ou : ...qui triche)

hó-rì (hō,hó) — donner
há hó jí bɔ̄ dūū (ou : há hó bɔ̄ dūū jí) : //il/donne+*acc.*/ poisson/chef de lune//, il a donné du poisson au chef de lune; hó-rì nām nɔ̄ : (*lit.* "donner l'entrée du chemin") permettre, autoriser; ngāārà hú nām nɔ̄ nī jōō há rī-rì ʔàà ʔúú : //chef/donne+*acc.*+lui/entrée|chemin/pour que/ il/rentrer/village|son//, le chef l'a autorisé à rentrer chez lui; hó-rì ʔúrú : faire un cadeau, donner en cadeau

hóòr (kóró) (hōr,hór) — écorcer, éplucher, écailler

hɔ̄ — *N/Nd1*, 1. endroit, lieu, place
há yàrā hɔ̄-rīɲ : //il/cherche+*inacc.*/place-ma//, il cherche où je suis; bɔ̀g rē hɔ̄ vōō kūū : //trou/*copule*|lieu| cacher|rat//, le trou est la cachette du rat; hɔ̄ ré ngōóng : quelque part; hɔ̄ ʔōō...yā : là où, où

	2. moment bọ̀ọ́ gīm hɔ̰̀ ʔɔ̄̀r : /jambe+sa/casse+*acc.*/moment|sauter/, il s'est cassé la jambe en sautant; yēȅɲ mìn-à hɔ̰̀ tâà kɔ̀ɔ̄ : /corps+mon/fait mal+*inacc.*-moi/moment|respirer/, j'ai du mal à respirer
hɔ̰̀ ʔɔ̀ɔ̄...yā	*subjonction*, (moment.*relatif*), lorsque, quand, pendant que, tandis que (*v. aussi* sàng ʔɔ̀ɔ̄...yā) tâà kɔ̀ɔ̄ hɔ̰̀ ʔɔ̀ɔ̄ hìɲ yìì dāā yā : /repose-toi!/moment.*rela*.../je/prépare+*inacc.*/boule/...*tif*/, repose-toi pendant que je prépare la boule
hùlú	*N*, mousse, écume hùlú dām : levure de bière
hūù (hùù,hūū)	dépouiller, écorcher un animal (*v. aussi* húùng)
hún	*N*, nénuphar (on distingue deux types de rhizome : ɲḛ̄ḛ́, qu'on consomme, et gìtì gùnglùng)
húrù (hūrù,húrù)	trouver qqch. par hasard
húr-ú	*N*, (*de* húùr), fleur (d'une plante)
húyō	*N*, plante sauvage *sp.* à tubercules (on les consomme crus)
húú	(*onomatopée?*) *cf.* kōō-rō húú
húùr (hūr,húr)	1. fleurir 2. blanchir (en parlant des cheveux) ɲú-nɔ́ hūr : /tête-sa/blanchit+*inacc.*/, ses cheveux blanchissent
húùng (hūng,húng)	1. ramasser un à un húùng sàng : trier; há hūng sàng sɔ̄ɔ̄ dìm : /elle/trie+*inacc.*/intérieur|arachide/, elle trie les arachides 2. récolter les haricots
húùng (hūng,húng)	dépouiller, écorcher un animal (*v. aussi* hūù)

REALIA

ARMES ET OUTILS

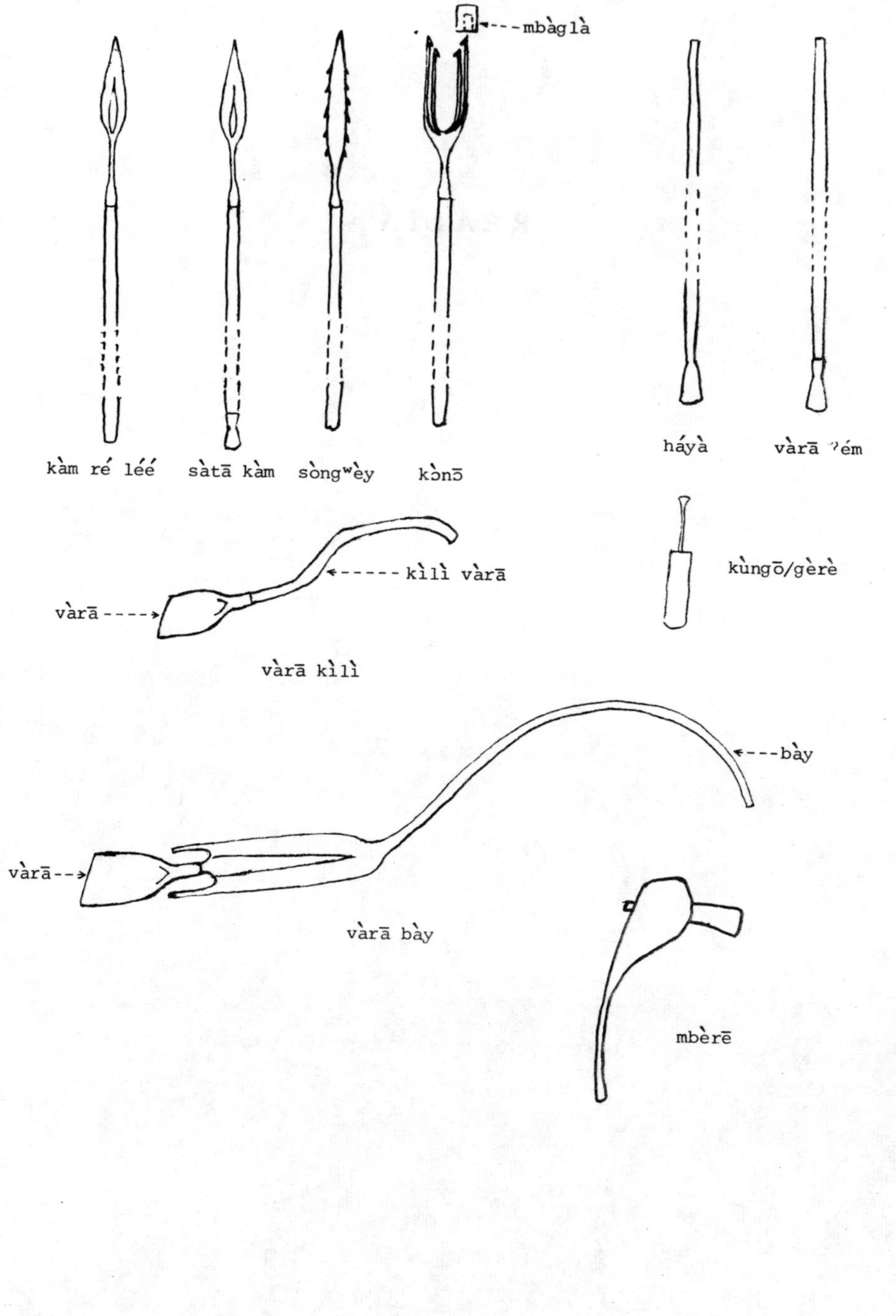

POTERIES ET VANNERIES

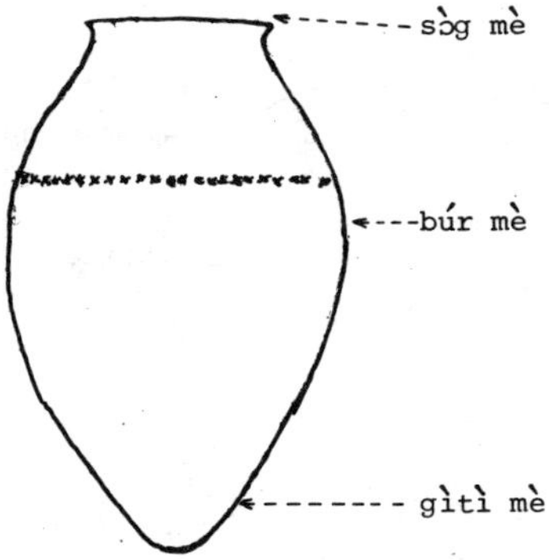

mè

dālí

kátà

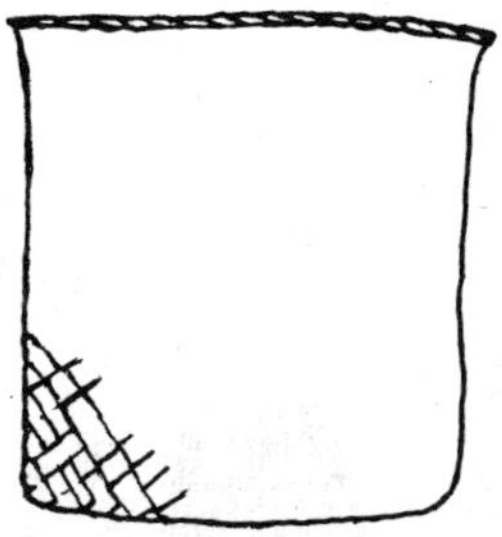

dúúrù

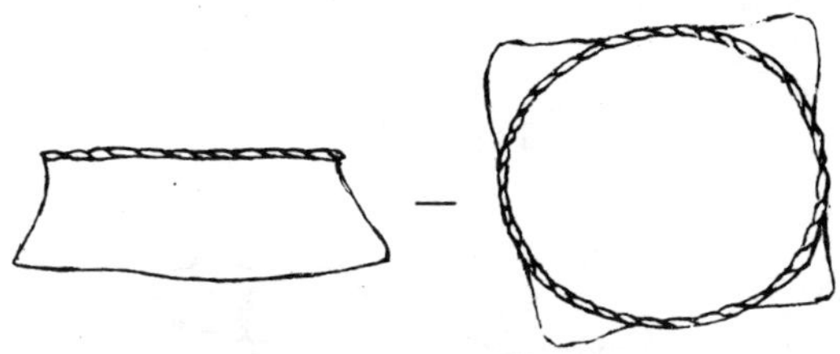

bḛ́

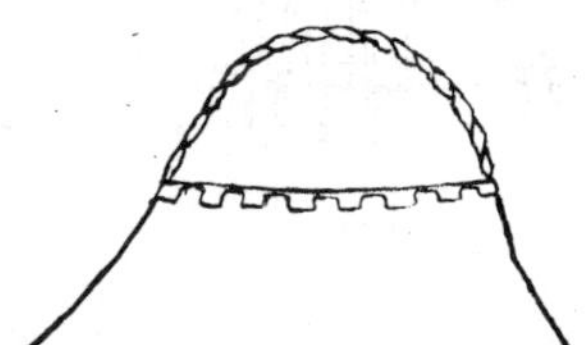

ngàmbérē

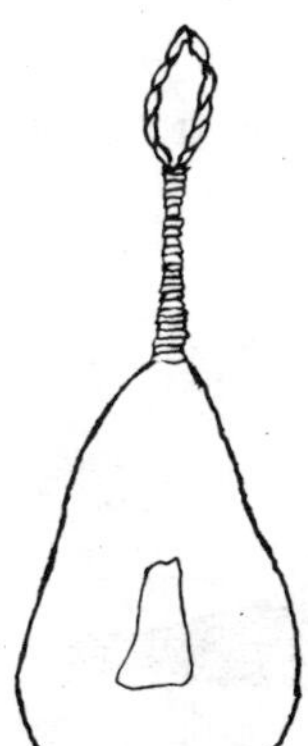

'bùgù

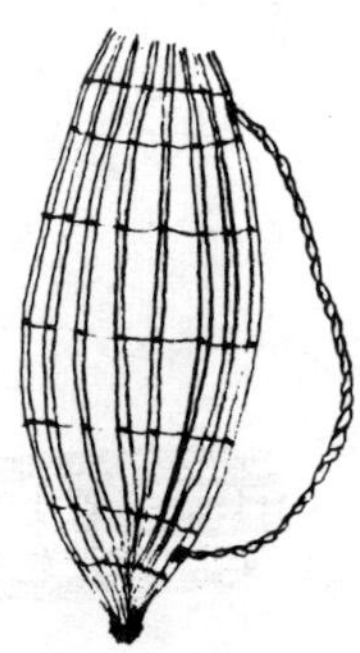

mbòō

LA FORGE

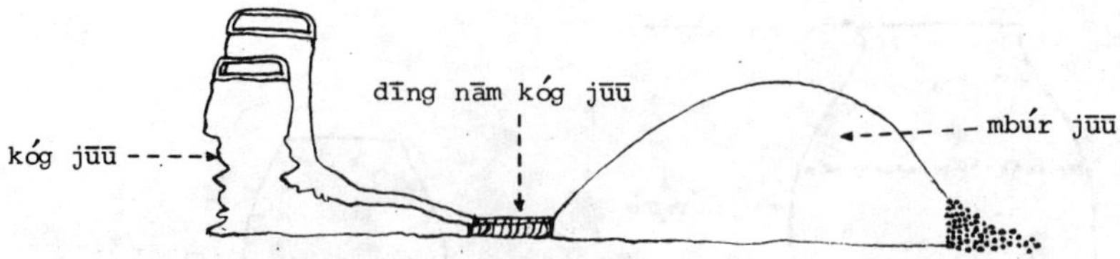

juu

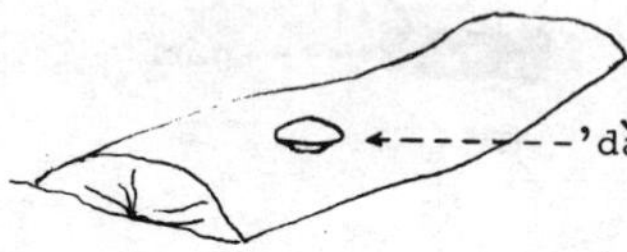

bágrá

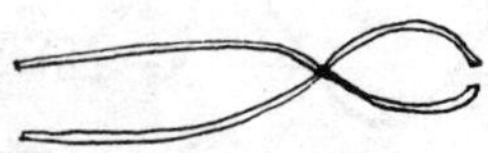

ngàríngàng

súgù

RUCHE

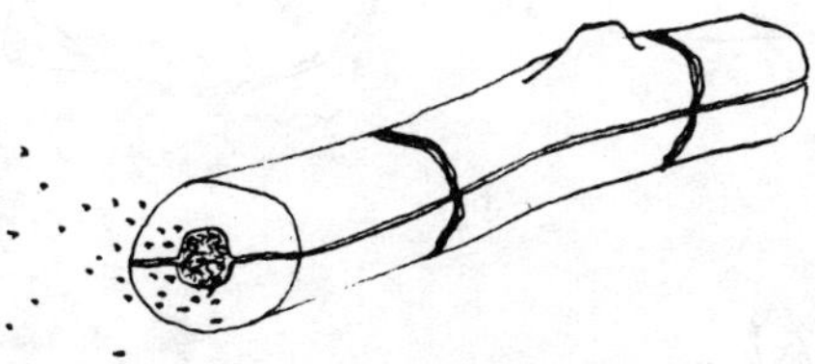

būndú

NASSES

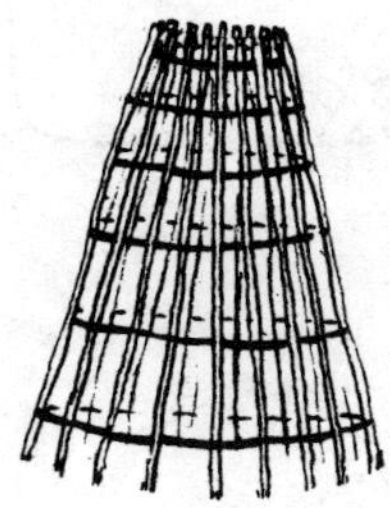

ʔíyà

kùtú

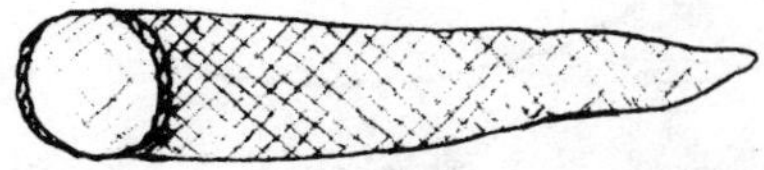

làvɔ̄

LA CONCESSION

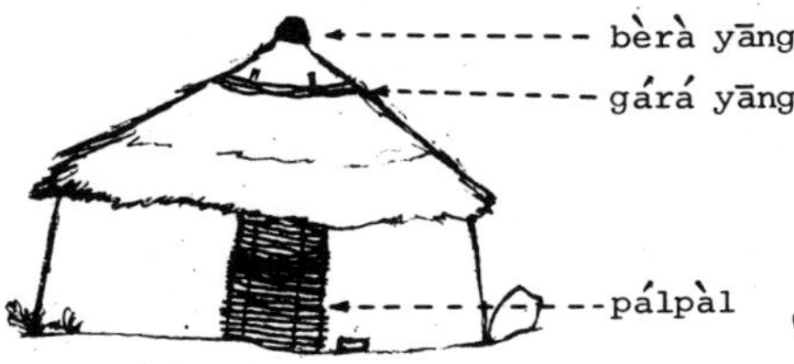

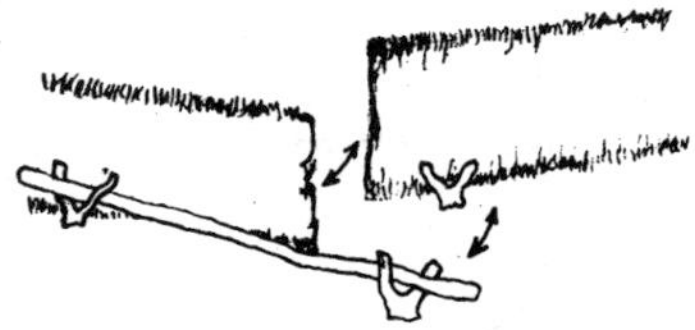

bēèng rēng

gājā gō̰ó̰

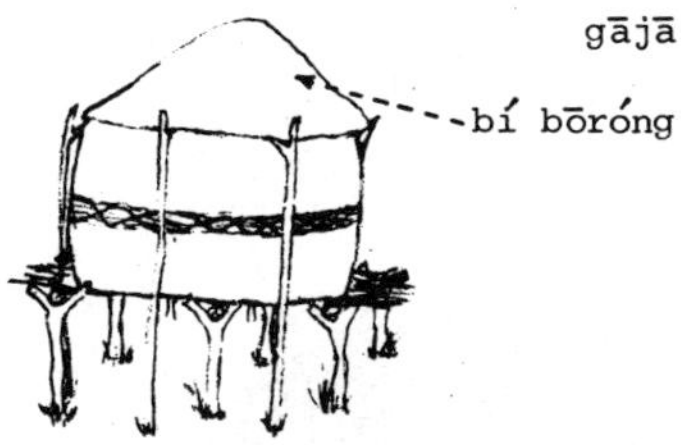

bìlà būù

bōróng

bìlà yîì

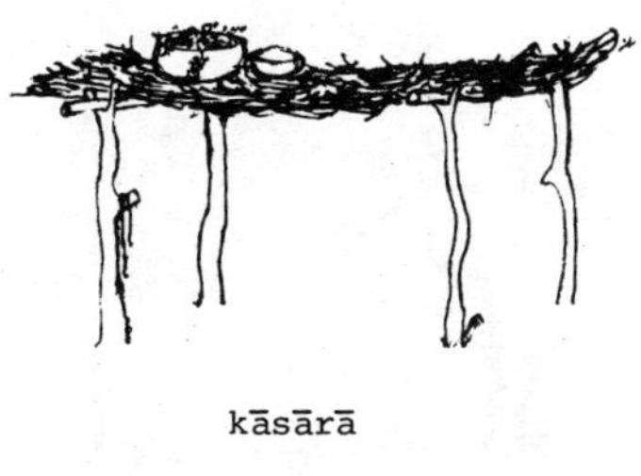

dàvō

kāsārā

PIEGES

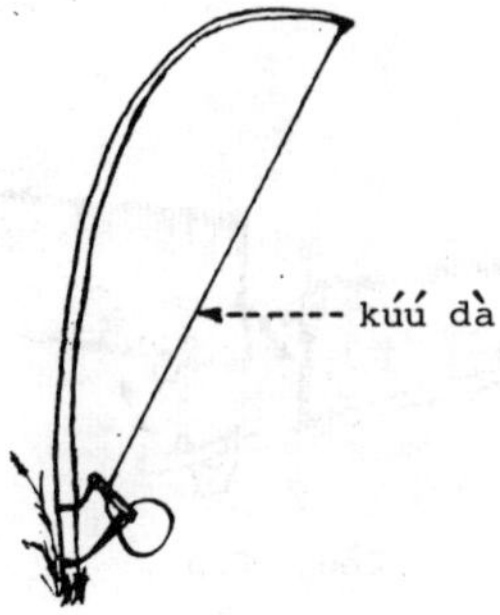

gìndîîng

mbànā

dà yāng

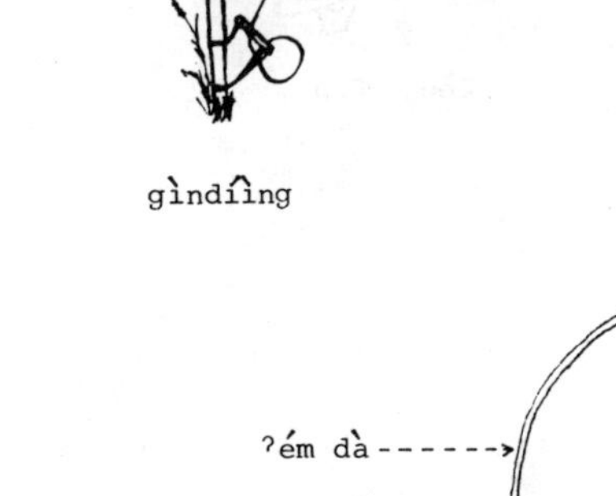

kínjà

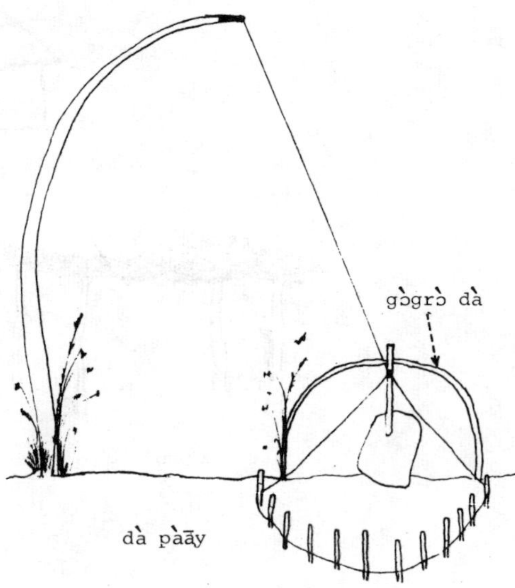

dà pàāy

PIEGES (suite)

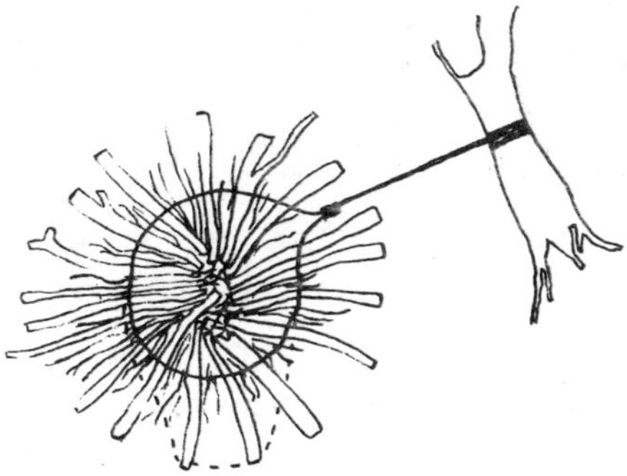

kúú kéré

mbīɲā

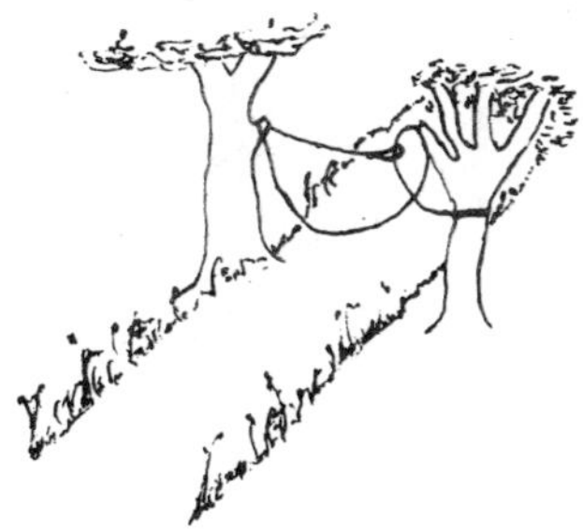

hɔ̂ay

'dìīndà

gàām

INDEX

FRANÇAIS - DAY

Pour une définition plus précise, et donc plus exacte, des termes day, on aura avantage à se reporter systématiquement au lexique. Nous ne prendrons qu'un exemple. L'index assigne indistinctement au mot français **brûler** les correspondants day ré-rì ʔór, njāàv, yī-rì, gāàl et dɔ̄-rì. C'est seulement en consultant le lexique qu'on apprendra que ré-rì ʔór est "brûler" dans le sens de "détruire par le feu" et njāàv dans le sens de "calciner" ; que yī-rì et gāàl s'emploient en parlant du feu, gāàl impliquant, semble-t-il, la présence de flammes ; que dɔ̄-rì est "brûler" en parlant notamment du soleil.

a

à : rè/rē ; hō

abaisser : tíìm ; sórò

abandonner : má-rì (kánì), vā-rì (kánì), ʔíìm (kánì). a. le village (son emplacement) : búùr ʔàà. **abandonné** : bɔ̄gɔ̄

abattre : bēèy, gīìm

abcès : bāsàrā. a. dentaire : ngāngā

abdomen : gìtì

abeilles *sp.* : bìɲà, míndím, tōgō

abîmé (être) : ɲánì

abord, abord (d') : kámnā. abords : ʔē̱

abreuvoir, a. à poules : gùrúrù ʔà būù. a. à chèvres : gùrúrù ʔà yíì

abri : dàv ; yāng jāā. a. mortuaire : yāng sīī. a. des animaux domestiques : bìlà. a. des chèvres : bìlà yíì. se mettre à l'a. de : ʔúùr nī

abuser : gūù (gú)

ACANTHACEES : dìīmtéélé (*sp.*, sauv.)

accepter : jōò

accoler : bí-rì

accompagner : rɔ́ɔ̀g

accord, être d'a. avec : jōò nī

accoucher : ndáàv

accouder (s') : dāàm kílì

accrocher, **s'accrocher** : kāàv

accroupir (s') : tūù

accueillir : laà nām, kērì mbāā

accuser : gīìm tí ré ɲíí/nām. a. volontairement à tort : gīìm tí ré ngāmnā

acéré (être) : ʔíìv lívlív

acheter : ʔēè

acide : bɔ́ng, sīngí

actif : pógò

adjoint : pàjā

adolescent : jàngà bɔ́r. adolescente : kàrē ; vāā ré kàrē

adosser (s') : tí-rì

adresse : kɔ̀tɔ̄

adroit (être) : sōng ʔíìv

adulte : lēlē ; bèrē ré lēlē

adultère : ngìlà

affaiblir : ʔɔ̄ɔ́r, gīìm

affecter : vāā-rì. **affection** : vāā-rā

affilé (être) : ʔíìv lívlív

affoler (s') : tíìr búgbùgbúgbùg

affûter : ʔóólò

afin que : hó

agiter : yígà

agoniser : tíìr sīī

agrumes : làmíìn

aide (venir en) : gāàv

aïeul : bō̱ lāá. aïeule : nīī lāá

aiguille : lēmbé. a. en métal : lívlìv

aiguiser : ʔóólò

aile : yégrè

aimer : (búr) jōò, táárà

aîné : lēlē, lēgē ; bèrē ré lēlē/lēgē

ainsi : bélè/bēlē, gìrī. c'est a. que : bēlē ʔōò...yā

aisselle : kòkóólò

alcool : dām. a. de manioc : ʔérgè/ʔár-gà

alentours : ʔə̰̄

Alestes nurse : bálá

aligner : jóòn. **alignement** : bárà

aller : tē-rì, jéèɲ. a. au devant, à la rencontre de : láà nām. a. comme un gant : gāàr

allonger (s') : ségé-rì

allumer un feu : búù ʔór

alors, c'est alors que : ná

AMARANTHACEES : *Amaranthus viridis* L., vɔ̄r gɔ̀jɔ̀

âme : dēē, lūú, kòō

aménager : vā-rì

amertume : yóg

ami, amitié : bɔ́r gún, vāā bɔ́r gún, vāā gún, gún. lier amitié (avec) : búù bɔ́r gún (nī) , búù vāā gún (nī), yé-rì bɔ́r gún

amollir (s') : jēè

AMPELIDACEES : *Ampelocissus africana/ multistriata*, ndūgū ré vōō

ample : bòkòkò

amulette : lánjā, gàjà

an, année : gàà. cette année : sèèyá. l'année dernière : bɔ́gɔ́ vɔ̀rɔ̀. l'an prochain : bɔ́gɔ́. au fur et à mesure des a., avec les a. : nī gàà gē gàà gē

anaphorique : yā

ancien : lēlē, lēgē ; bèrē ré lēlē

âne : kòrō

angle : kílì

animal : nīng. a. femelle adulte : nīī

animé : bɔ̄n-ɔ̄. être a. : bɔ̄ɔ̀n

ankylose : jōng. frapper d'a. : jōng mō-rì

anneau, anneau de doigt : kìlìm. a. de nez (des bovidés) : kārà

ANONACEES : *Anona senegalensis* PERS., rív. *Hexalobus monopetalus* (A. RICH.) E. et D., ndáávò

anophèle : yór

anse : kúú

anus : nām (bòlò) gìtì, nām màngún

apaiser (s') : ʔə̰̄ə̰̀ ján ján

APOCYNACEES : *Carissa edulis* VAHL., njīlī

apparence, a. d'une personne : sīɲ yē

appel : sūū. **appeler** : sō-rì

applaudir : tāà kóvó

apprendre : gɔ̄ɔ̀r

approcher (s') : sórò

approprier (s') : ngóòm nī jōō

appui, prendre a. sur les pieds : nə̰̄ə̰̀ ngàmjàlà. **appuyer** : tí-rì, ʔígr̀ì. s'a. : tí-rì

âpre : sīngí

après : kámnā, gítì. **après-demain** : ɲíí ʔáyá. **après-midi** : yór dīlà yór sāv jàngà ; yór ròmó ; yór ʔɔ̄r ; yór jī nām kɔ̄r ; yór gùù béɲ

Arabe : dìm/dùm

arachide : sōō dìm

araignées *sp.* : ngàríngàng, tà sàng mbɔ̀r

arbre : ʔém. a. mort sans feuilles ni écorce : bágrá. arbres *sp.* : bìkīm, mbì-tì lìvjì, vànàm, tàlààgē, lēl ɲá, sāgà, sāgà gōlō, jīrà ɲá, kēsí, kɔ̄r bīlā, kɔ̄r vāā, kɔ̄r dām, kòrōbíɲ, ngètè (non identifiés)

arcade sourcilière : bō̰ ɲíí nón

arc-en-ciel : mō-rì māɲ

arête, a. du nez : ndàlà mbúr. a. de poisson : bō̰ jí

argent : jàà, gúrsù

argile : lɔ́gɔ̀

arracher : búùr. a. des cheveux : rō̰āɲ

arranger : mbɔ̄grì

arrêter, s'arrêter : túùng ; lívà, ʔə̰̄ə̰̀

arrière : kūgrū. **arrière-train** : gìtì

arriver : díìm, yíì

articulation : kùrù

artisan : (bō̰) kɔ̀tɔ̄

ascaridiose : gìndī gē

ASCLEPIADACEES : *Leptadenia hastata* (PERS.) DECNE., hádìsó

asseoir (s') : dāà gìtì ; jī-rì, jēgé-rì

assez (avoir) : ndēèm, ɲānì

assise : gìtì

assombrir (s') : sí̀m

assouplir (s') : jēè

asticot : sèè

attacher : mɔ̄-rì, séèv, sɔ̄ɔ̀r

attendre : ʔórì

attendrir (s') : jēè

attraper : búù, gāà

aube : bùù nām ɲíí, nām ɲíí, nām ɲíí kà-tàng, kàtàng, kōjóng

aujourd'hui : váàyá

aulacode : mbàngí

aussi : ʔáng, kúlù. être aussi...que : sínà...nī

automobile : kàmyọ̀ọ̀

autoriser : hó-rì nām nə̰̄

autour de : ʔə̰̄

autre : téng

autruche : 'būū

auxiliaire de prédication : rē

avaler : mɔ́ɔ̀n

avant, en a. : ɲàn. avant-bras : júng sōng. avant-hier : vɔ̀rɔ̀ ká

avare : mūùn, njírírí. être a. : mūùn

avec : nī

aveugle : bèrē ré nɔ́n bɔ̄gɔ̄

avoir : tē-rì nī. il n'y a pas : vērē

avorter : yɔ̄ɔ̀r vāā. avorton : vāā yɔ̄ɔ̀r, vāā ré jɔ̄ ; vāā ré ngīnī, ngīnī vāā

b

bagages : sè mbāā

bagarrer (se) : ʔí̀m gún

bague : kìlìm

Baguirmien : dìm/dùm

bailler : ʔə̰̄ə̰̀ bōg

baisser : tí̀m ; sórò

balai : bẹ́. balayer : kāà sàng

ballonné (être) : hōò dòì

banane, bananier : pɔ̀ndɔ̀, bànánà

Bangoul (ceux de) : ɲā nī (gē)

baobab : kòvò

barbe : bēɲ nām

barrière escamotable de la concession : bēèng rēng

bas, en b. : sé. bas-ventre : (ɲíí) bɔ́-ndɔ̀, dàdáà, gìtì búr

base : gìtì

bassin : gìtì búr

bataille : dàr

bâton : (mbùlūng) ʔém. b. à tourner la boule : mbɔ̀rɔ́ng. b. à poquets : háyà. b. de jet : gɔ̀l

battre : yōò, ʔí̀m ; dāàv ; sēè. se b. : dāàv gún, ʔí̀m gún. b. des mains : tāà kóvó. battement de mains : kóvó

beau : sàɲ-á ; bɔ́r ; bēē/bàā. être b. : sāɲ ; gāàr. faire le b. : kērì bɔ́r

beaucoup : bàābò, ngáɲ ; bátí bátí

beau-frère : táná, dīvà

beau-père, belle-mère : bō̰ pàà

bébé : vāā ré dúng

bec : nām

bêche : vàrā. b. à long manche : vàrā bày. b. à petit manche : vàrā kìlì. b. à poquets : vàrā ʔém

beignet de farine de mil : pānglā. faire des b. : láày pānglā

bêler : júù

bélier : dīgí tàmá

belle-soeur : dīvà

benjamin : vāā (ré) nām mō, tòlò vāā, ngīnī vāā

berge : gàà

besoin (avoir) : (búr) jōò. ne plus avoir b. : ndēèm, ɲānì

bêtise : mbūūrú. faire des b. : kērì mbūūrú, mbūūrú kērì

beugler : júù

biceps : búr sōng

bicyclette : ndàdìɲ

bien : sàɲ, sàɲ-á ; sāɲ. il serait b. que : sāɲ nī jōō

bientôt : vāā ndéɲ

bière : dām. b. de maïs : dām mbàtì kōò. b. de mil : bílbìl ; 'bɔ̄gɔ̀ dām, mīɲ ɲíí dām/mbùgú/yēlē dām (qualités) ; dām dōr, jálá (*sp.*)

BIGNONIACEES : *Stereospermum kunthianum* THAM., mbɔ̄lɔ̄

bile : jàláng, kátíkāāɲ

bilharziose (avoir la) : jo̰ò̰ ʔàláng nī dém

blanc : tōō-rɔ̄. b. de l'oeil : rīí nɔ́n ré tōō-rɔ̄. homme b. : nàsāàr. être, devenir b. : tōò. **blanchir** : tōò ; hûur

blatte *sp.* : dàkòōgyò

blennorragie : bájàl

blesser : mōò rāng. **blessure** : rāng

boire : yūù

bois : ʔém. petit b. : kānglā

boisson fermentée : dām

boiter : mɔ̄ɔ̀n mbòtò

bon : sàɲ-á ; sāɲ. bon ! : bô̰o̰, kàlásì. être b. pour : gāàr. **bonté** : búr tōō-rɔ̄

bondir : mbūtù, vā-rì tèè

bonjour : lápìa ; hìɲ díng nām-ɔ̄

bord : nām, gàà, gávrà

bosse : ngʷìīɲ ; yīrí, kīngí, gílà, gèngrèng ; 'dìngí

bouc : bɔ̀rɔ́ng yîì

boucaner : síìv

bouche : nām

boucher : mbātì nām ; kíìm

boucle d'oreille : bángárà/bángrà

bouclier : mbógò

boue : bàrì

boule : dāā. boules *sp.* : pàrì, dāā sàà ; dāā ngòōngɲògē. en forme de b. : hōlō

bouillie : gàà. faire la b. : sánì gàà. bouillie *sp.* : dāā bìnā, gàà gɔ̀ɔ̄ɲɔ̀, gɔ̀rgɔ̀tɔ̀

bouillir : pātì, yāàv

bouleverser : tíìɲ kátíkátí

bourrelet de graisse : kūrū

bourses : ngīmí/ngūmú

bousculer : bēèy, sīlà ; túùng

bout : nām, lángá. b. du nez : sɔ̀lɔ̀ mbúr

bouteille : bìtɛ̄ɛ̀l, gàsásà

bovidé : màāng

bracelet : jāngā, kārà ; kūrū

branche : sōng ʔém, mbùlūng ʔém. b. de ronier : gɔ̀rgɔ̀tɔ̀ ʔíɲá

bras : (ʔém) sōng

brasser : bīngì/bēngì

brebis : nīī tàmá

brèche-dent : ngìì vìlèng, ngìì ré gīìm, ngìì ré yōò

bréchet : jéy jɔ̄r

briller : sêè

brindilles de bois : kānglā

brique de terre crue : dēlèngēn

briser : bāà, gīìm

brouillard : pùtú bùng

broussaille : kānglā

brousse : bìì ; mángá ; lòò

brouter : yī-rì lòò

broyer : gíjírì

bru : bō̰ pàà

bruit : ndūū, gévré ; kâà. faire du b. : gévrì

brûler : ré-rì ʔór ; njāàv ; yī-rì, gāàl ; dɔ̄-rì

bûche : bágrá, kùlkùtú

buffle : jāy

buisson : kānglā

bulbe : gìtì

C

cabri : yíì

cache-cache : kīnāndégē. jouer à c. : vōò kīnāndégē

cacher : vōò, ʔûur. se c. : vōò yē. se c. de : ʔûur nī. **cachette** : ho̰ vōò

cadeau (faire un, donner en) : hó-rì ʔúrú

cadet : vāā ré dānā

caïlcédrat : ʔér

caillou : mbààlā, kɔ̄sɔ̄. c. utilisé pour lisser l'argile : ʔòrò

cal : mùmū. callosité de la paume : gɔ̀grɔ̀ dàā sɔ̄ng. callosité antérieure du pied : gɔ̀grɔ̀ dàā bọ̀

calciner : njāàv

calebasse (récipient) : kálà, ngûù. c. utilisée pour puiser de l'eau : kàvrā. vieille c. utilisée pour les ordures : bɔ̄gɔ̄ kálà. morceau de c. servant à retirer la boule de la marmite : tɔ̀rɔ̄. c. en bois : bùūgrù, ngûù ʔém

calebassiers *sp.* : dídìīm, jānı́

calme : mbūtū, ndìng, lím, kààkà

calomnier : tánì ɲíí

camarade : bɔ́r gún, vāā bɔ́r gún, vāā gún, gún

cambrure du pied : lɔ̀gtɔ̀ bọ̀

caméléon : kīvá

camion : kàmyɔ̰̄ɔ̰̀

canal séparant deux champs : ɲāngā

canard *sp.* : njàgá

canine : sèlēng ngìì

canne : sīɲ. c. à main : gɔ̀l kêèv. c. à pêche : ʔém kʷìīy

capable (être) : ndēèm (nī jɔ̄ɔ̄)

CAPPARIDACEES : *Gynandropsis gynandra* (L.) BRIQ., kʷéygírá

capturer : bûù, gāà

caqueter : kɔ̄ɔ̀r

caracal : jēmbē

carapace de tortue : ngûù (ʔə̰̄) kīvì

carboniser : njāàv

caresser : tâày

carie : ngāngā. avoir une c. : ngāngā kērì

cas (ne pas faire) : jámɔ̀, jágtà

case : yāng. c. d'un mort : yāng bìɲ

casser : bāà, tûùng, gīìm. être cassé : bīndà

ceinture : ndāārá

célibataire : kɔ̀vɔ̄

cendres : pùtú ʔór

cent : ʔūtù

céphalophe : pànà (*sp.*). c. de Grimm : dùlù

cercle : rùndú

cérémonies funéraires : kūjú ; kūjú ré dɔ̄nɔ̄/ndéɲ, kūjú ré pàāy

certain, certains : (ndávɔ̀) dùnɔ́ gē.

certainement : kám

cérumen : púr

cerveau, cervelle : 'bòló ɲíí, mbɔ̄gɔ̄ ɲíí

CESALPINIACEES : *Burkea africana* HOOK., mbêèr. *Cassia sieberiana* D.C., mɔ̄kílàng. *Cassia tora* L., kènggèlìbā. *Daniellia oliveri*, gív. *Detarium microcarpum*, pɔ̄gɔ̄. *Piliostigma reticulatum* (= *Bauhinia reticulata*) (D.C.) HOCHST., jɔ̄ng, njílà. *Tamarindus indica* L., sûù

cesser : lívà, ʔɔ̰̄ɔ̰̀ ; tûùng

chacal : tɔ̀lɔ̄

chacun : mīní mīní

chagrin : 'bɔ̄ngɔ̄. avoir du : gāngnì tí

chaîne : kúú bɔ̄g

chair : nīng, sìɲ, sìɲ nīng

chaleur de la terre : lúlú

champ : vɔ̀g. sur le c. : láv láv jɔ̄ɔ̄

champignon : kóróbīɲ. c. qui vient de sortir de terre : kóróbīɲ mɔ̄. champignons *sp.* : 'bùndú, bìnā, vúr, tàmá, dɔ̀gɔ̀, dɔ́gɔ̀, nɔ́n dɔ́gɔ̀, sāgà, kólɔ̄ dúng, kóróbīɲ dòvò, kóróbīɲ yēlē dām, kóróbīɲ ʔém, ngɔ̀ɔ̄l būù, ngùnjùlù

chance (avec) : nī bọ̀

changer en (se) : dííɲ

chanson : bīī

chanter : bîì bīī ; jûù

chapeau : jāgē

charançon : dɔ̄ sàà, dɔ̄ sɔ̄ɔ̄ dìm

charbon : bíngí

charnu : lìvìjì/lìvjì

charpente : ʔém (voir aussi gárá)

charrue : vàrā bɔ̄g

chasse : mbùrɔ̄, gɔ̄ɔ̄

chasser : tē-rì gɔ̄ɔ̄ ; nɔ̄ɔ̀n

chasseur : bɔ̰̄ bìì, bɔ̰̄ mbùrɔ̄, bɔ̰̄ gɔ̄ɔ̄, bɔ̰̄ ʔór ; gɔ̰̀ gɔ̄ɔ̄

chassie : ngɔ̀ɔ̄l

chat : bàtú, márìam ; bɛ̄ɲ. **chat-huant** : (kólō) kɔ̀vɔ̀

chatouiller : gílì

chaud : dōnō

chauffer : dɔ̄-rì ; ʔɔ̄ɔ̀

chaume : tór

chaussure : sānjā, sāā, màrkéèv

chauve : bàláng

chauve-souris : mbūglū

chef : ngāārà. c. de l'initiation : bo̰ bīlā. c. de lune : bo̰ dūū. c. de terre : ngāārà ʔém ndògō

chemin : nə̰. ouvrir un c. : jóòn nə̰

chenilles *sp.* : bārmbàtá, kùrù ndùgú

chercher : yārì. c. la femme : yārì vōō

chérir : táárà

cheval : ndàà

cheveux : bīɲ ɲíí

cheville : sōō bo̰, sōō kāsā ; kùrù bo̰

chèvre : (nīī) yíì

chez : yē/yō, ʔàà

chicot : 'dūndū. c. de dent : 'dūndū ngìì

chicotte : ndááy ; hàvlà

chien : yēē ; mbítí hóló

chiper : hāàm

chose : sè

Chrysichthys auratus : gàgà

chute d'une dent (provoquer la) : yōò ngìì

cicatrice : súngnú

cicatriser : yúù

ciel : lúlààdē

cigale : mùndō

cigogne à sac : lòvò

cils : dàng nón. sans c., aux c. rentrés : gògjò

cime : lángá

cimetière : ɲíí dèrā

cinq : sārì. **cinquante** : mò sārì

circoncire : gíìv tə̰

cire de miel : bìsī tōgō

citron, citronnier : làmíìn ré bɔ̀ng

claie : ʔém

clitoris : lánjà, láɲ

clôture de la concession : ndògō

cobe, cobe de Buffon : kālā. c. des roseaux : jɔ̀lɔ̄

coccyx : ɲíí ngèr gìtì

COCHLOSPERMACEES : *Cochlospermum tinctorium* A. RICH., gɔ̀ɔ̄ɲɔ̀

coeur : gò̰

cogner : súù

coin : kílì. c. de mur : kílì bàrì, gúùl bàrì

col d'un récipient : nām

coléoptère *sp.* : bìīɲ

colère : 'bɔ̄ngɔ̄, dàr. être, se mettre en c. (contre) : búù 'bɔ̄ngɔ̄/dàr, 'bɔ̄ngɔ̄ /dàr kērì, kērì 'bɔ̄ngɔ̄/dàr, dííɲ dàr

colle végétale : tīvī ; tīvī sōn, tīvī gív

collier (pour animaux) : kúú rōg

colline : mbààlā

colombin (faire un) : ʔɔ̄ɔ̀r

colonne vertébrale : ngìnà kūgrū

coloquinte : jɔ̀gɔ́

combien : dà

COMBRETACEES : *Combretum glutinosum* PERR., bón. *Combretum sp.*, kíbāná, kɔ̄r dàr. *Terminalia sp.*, rɔ̀gɔ̀

comme : sōng. être c. : sínà...nī. comme ceci : sō̰òsɔ́ɔ̄, gìrī. comme cela : sōngàāsíīɲ/sō̰ʔàāsíīɲ, gìrī ; bélè/bēlē

COMMELINACEES : *Commelina benghalensis* L. : pálpùū (ré) vōō. *Commelina Forskalei* VAHL, pálpùū (ré) táná

commencement : nām, (nām) gìtì

commencer : búù gìtì, móò gìtì, rā-rì gìtì

comment : sīkà. comment vas-tu ? : kērē sīkà

commissure des lèvres : kōō nām

compact : njìgtì

comparer : témnì nī

complètement : mbágjá

compliqué (à l'esprit) : vítívítí

COMPOSEES : *Vernonia sp.*, ɲíí dāng

compter : gērì

concession familiale : ʔàà

concombre : kùsú ; kùsú ngín yēē

conduire mal (se) : kērì tí/sè sàɲ rē

conjonctivite : mbààlā. souffrir de c. : mbààlā kērì

connaître : dúù

conseiller (*verbe*) : ʔɔ̄jɔ̀ nī jōō, gērì tí

conseiller (le mauvais) : bō̰ gú

conserver : núùng, ngéèm/ngóòm

consoler : síìɲ, gūù

construire : pɔ̄ɔ̀r, kērì. c. la concession : vā-rì ʔàà. c. l'enclos domestique : vā-rì ndògō

conte : sūū

contrefait (être) : bīndà

convenir : mbɔ̄grì ; gāàr

convoiter : ndíngà

convoitise : ndīngā

CONVOLVULACEES : *Merremia sp.*, ngīmí yēē

copule : rē/ré

coq : sàlām būù

coqueluche : kōō-rɔ̄ húú

coquet (être) : kērì bɔ́r

coquille : kóró

corbeau : ngə̰̀ə̰̄

corde : kúú. faire une c. : pūù kúú

corder : séèv

corne : dīng

cornet à jeu de mbàrà : kírì. retourner le c. : yōò kírì

corps : (dīng) yē/yō. c. d'une jarre : búr mè

correctement : nī kūng-ríìy

côte : gángnà, bō̰ gángnà. côte-à-côte : mbéng

côté : kōō, kōō búr, gārà, gávrà, gángnà. à c. : kōō. à c. de : kōō, gārà. mettre de c. : núùng kūng, kērì kālá

coton : bùúl. pièce de c., cotonnade : kīvī

cou : rɔ̄g

coucher : ndāà. c. avec une femme : yī-rì (mbìtì). être couché : sí-rì. se c. : ségé-rì

coude : kílì

cou-de-pied : ɲíí bò̰, ʔə̰̄ dàā bò̰

coudre : ʔāàr

couler : bō̰ò̰. c. goutte à goutte : ʔó-rì

couleuvres *sp.* : ndùgù, jɔ̄ láàm

coup (donner un) : dāàm ; ɲə̰̄ə̰̀ ; ɲí-rì

coup-de-poing : kùtùpó̰ò̰

coupe-coupe : kívkìv

couper : sāàv, gíìv. c. en tranches, en morceaux : kónjòrò. c. en petits morceaux : gíìv kítī kítī

cour (faire la) : tánì vōō, yārì vōō, kɔ́lɔ̀

courage (redoubler de) : gāà yē lēèl

courber : ndúùg ; bīndà. c. en demi-cercle : ndúùg kìv. courbé : gùnglùng

courge : rùúng

courir : tā-rì

couronne, couronne de dent : ɲíí ngìì. c. de paille sur laquelle on dépose un récipient pour le maintenir droit : gárá

cours d'eau : bāā

course : tèè

court : gīrīm, gòjì

cousin : vāā nīī, vāā bìī bō̰, vāā bìī nīī, vāā yávɔ̀, yīrí bō̰/vāā yī bō̰. **cousine** : bìrí bō̰, bìrí nīī, bèy bìī nīī, bèy yávɔ̀, bàā nīī

coussinet de portage : kə̰̀

couteau : sòmō, kùtōò. c. à pyrograver : kùngō/gērē. c. à tresser : ngīn(ī) jàà.

couteau de jet : jàà (ré rɔ̄g) (voir aussi jàà bíngí)

couvercle de grenier à mil : bí bōróng

couverture : bájɔ̀g

couvre-chef : jāgē

couvrir : bí-rì, mbātì nām, ʔūtù nām

crachat : lɔ̀l

cracher : tōò ; tōò tōr, njíìr tōr

craindre : yógó kērì, kērì yógó

crainte : yéé, yógó

cram-cram : sàkàrāàn

crâner : kērì bɔ́r

crapaud-buffle : bīrī

crasse : njə̀

cratère d'une vieille termitière : gù-rúrù

crédit : kīrā

créer : jɔ̂ɔn

crête de poulet : gɔ̄lɔ̄ ɲíí būù

creuser : pɔ̄ɔ̀r, rɔ̄ɔ̀ng, jāàr

creux : bɔ̀g, lɔ̀gtɔ̀/lɔ̄ɔ́gtɔ̄. c. de l'oeil : ngûù nɔ́n

cri : kɔ̀rɔ́

crier : kērì kɔ̀rɔ́, ʔîì kɔ̀rɔ́

crinière : 'bòlò rɔ̄g

criquet : ngòlò

croc : sèlēng ngìì

crochet (d'un serpent) : sèlēng ngìì

crochet de gaule à fruits : kùngɔ̄

crocodile : mbàārā

croire : dēè, dêm, táárà, gāngnì. c. que : gāngnì ná

croître : bōɔ̀r, ré-rì

crosse de jet : pɔ̀

Ctenopoma petherici : kāmɔ̀/kɔ̄mɔ̀

CUCURBITACEES : *Citrullus vulgaris* SCHRADER, 'dàlá. *Citrullus vulgaris* SCHRAD./*Colocynthis vulgaris* SCHRAD., jɔ̀gɔ́. *Cucumis melo* L. var. *agrestis* NAUV., kùsú ngín yēē. *Cucumis sativus* L., kùsú. *Cucurbita Pepo* L., rùúng. *Lagenaria siceraria* STANDLEY (= *L. vulgaris* SERINGE), ngûù. *Momordica charantia* L., njòrò/gìndɔ́gɔ̀ (ɲíí ndògɔ̄)

cueillir : kāàv ; sɔ́-rì

cuiller à bouillie : jāní

cuir : ndāārá, kɔ́g

cuire : sáàng, nɔ́-rì. faire c. l'argile : sûùn. être cuit à point : nɔ́-rì

cuisiner : ndágrà

cuisse : bɔ̄grɔ̄

cultes : voir gírāng

cultivateur : bɔ̄ vɔ̀g ; gɔ̀ vɔ̀g

cultiver la terre : vā-rì vɔ̀g

culture : vɔ̀g

curieux (être) : ʔêev

cynocéphale : màndà

CYPERACEES : *Bulbostylis sp.*, bēɲ mbɔ̀-rɔ́ng

d

damer : dāà ; ndāà

dans : rè/rē, sàng

danse : bèlè. danses d'initiation : bèlè jìì (filles), bèlè gú (garçons)

danser : vɔ́ɔ̀ng (bèlè)

Day : dày. la langue day : nām dày

debout : dē, jâà

début : nām, nām gìtì, gìtì

déchet : bìsī, bùtū. déchets de forge : ngín jūū

déchiqueter : tâàn jáɲjáɲ

déchirer : tâàn, tɔ́grì

décoction : kāvɔ̀/kɔ̄vɔ̀

dedans : sàng-á

défaire : dîìng, tûùng. se d. : tûùng

défense d'éléphant : ngìì ɲá

déféquer : ngīìn ngín

défricher : lɔ̄ɔ̀l

défunt : bɔ̄ sīī, bìɲ

dégradé : jàgtà

dehors : sìī

déictiques : tɔ̀ɔ̄, tèēɲ ; rɔ́ɔ̄, ráāng ; sɔ́ɔ̄, sīīɲ ; jɔ̄ɔ̄, jīɲ

déjà : dáng

délayer : sánì

demain : bīní

demander : dējì/ndējì, ndîì, yí-rì. d. pardon : dējì táárà. d. si : dējì ké, yí-rì ké

démanger : ɲɔ̄ɔ̀

démolir : dîìng

dénigrer : hâà

dense : njìgtì

dent : ngi̖i̖. d. cassée, usée : 'dūndū ngi̖i̖

dépasser : tó-rì, yāà ; ʔārì nām gún

déplacer (se) : ʔārì nām gún

déployer : di̇̂i̇̂ng bèr ; sīi̤ɲ gàyà

déposer : rā-rì

dépouiller : hūù, húùng

déranger : mbísà, njívà

dermatoses *sp.* : 'báálà, tāy, nām kólō, ngèr

dérouler : dîìng

derrière : ʔə̰, kūgrū, gítì ; màngún, gìtì

désaffecté : bɔ̄gɔ̄

descendre : dîìr

désemparé (être) : tîìr búgbùgbúgbùg

déshabiller (se) : dí-rì kīvī

désigner : sāvɔ̀

désoeuvré : kàyà

dessin : gāā

dessiner : tīì gāā

dessous : gìtì, háá. au-d. de : *id.*

dessus : ɲíí. d. du pied : ʔə̰ dàā bo̰. au d. de : ɲíí

détacher : dîìng

détérioré : jàgtà

déterminatif : ré, ʔà

déterrer : bûùr. d. un mort : dí-rì sīī

détruire : gévjè

deux : dīí. **deux cents** : ʔūtù dīí. **deuxième** : ré hāàm dīí

devancer : yāà

devant : nām, nɔ́n, nām nɔ́n ; ɲán

devenir : yé-rì

devin : bo̰ mbààgē. procédé géomancique du d. : mbààgē. faire le mbààgē : jôòn mbààgē, gāàn mbààgē

devinette : sùngó

diarrhée (avoir la) : jo̰ò̰

Dieu : lívā

différent : téng

difficilement : tə̰́

digue : bīí, 'dìngí ; kílà

diminuer : bánì nī nām ; ʔɔ́njɔ̀, gīìm

dire : ʔīi̤ɲ, gērì. on dirait que : sí-nà...nī. cela dit : bó̰o̰, kàlásì

directement : sèv

disciple du Christ : pàjā

discorde : dàr

disperser : tîi̤ɲ

dispute : ndɔ̄ɔ̄

distiller le manioc : sɔ̄ɔ̀

dix : mò. **dix-sept** : mò nī ʔə̰ ré bīɲām tāà. **dix-huit** : mò nī ʔə̰ ré pārārā. **dix-neuf** : mò nī ʔə̰ ré bór sōng ré ngōóng

dodu : lìvìjì/lìvjì

doigt : (yāá) lángá sōng. sixième d. : lángá sōng 'dìì

donner : hó-rì

dormir : rɔ̄-rì

dos : ʔə̰, dānā ʔə̰, kūgrū. d. de la main : ʔə̰ sōng

dos d'âne en creux : lɔ̀gtɔ̀/lɔ̄ɔ́gtɔ̄

dot compensatoire : jàà gìtì. donner des biens compensatoires au lignage de sa future femme : sɔ̄ɔ̀

doucement : ján ; ján ján

douter : kīì

doux : ʔɔ̄r-ɔ̄

douze : mò nī ʔə̰ ré dīí

dressé, à l'abdomen d. : gínɛ́ɛ́. d. vers le haut : tḛ̀

droit : dànà, gònggòng. tout d., en droite ligne : sèv. côté d. : yùrū

droite (à/sur la) : ɲíí sōng yùrū

dur : 'bɔ̄ngnɔ̄ ; kīnā. être d., **durcir** : ndîìr, lèèl

durillon : yīrí

e

eau : mīɲ

ébullition (être en) : pātì

écaille : kóró

écailler : hôòr (kóró)

écarter : sā-rì (dānā/sàng) nɔ̄ɔ̀n. s'é. : sī̀ɲ. écartées (oreilles) : bòkòkò

échanger : ʔánì. é. contre : ʔánì nī

échapper : tó-rì

échassier *sp.* : bày

écho : kâà

échouer : bôòn

éclair : rāàv māɲ

éclaircir, s'éclaircir : ʔāày

éclisse : nàām. poser une é. : rā-rì nàām

école : lèkɔ̂ɔ̀l

écope : ngûù pɔ̄g

écorce : kóró, kôò ʔém

écorcer : pūù, hôòr (kóró), dōò kōō ʔém

écorcher : hūù, hûùng

écorchure : kóró bíí

écouter : dêèm

écraser : bāà, mbátíɲà, nə̰̄ə̰̀, lágtà, gíjírì. être bien écrasé : rúú

écume : hùlú

écureuils *sp.* : béé, bàāv tēndī

édenté : dùrúrū

effacer : tī̂ɲ

effort : ngàmjàlà. faire un e., redoubler d'e. : gāà yē lēèl. faire un e. violent, soudain et momentané : nə̰̄ə̰̀ ngàmjàlà, kērì ngàmjàlà

égal (être), égaler : ndēèm gún, ɲānì gún

égarer (s') : yīì

égoïste : njírírí. être é. : mūùn

égratignure : kóró bíí

égrener : tāàng

élancer (s') : mbūtù, vā-rì tèè, ɲí-rì tèè. élancé : kándíkándí

éléphant : ɲá

éléphantiasis, éléphantiasis des membres inférieurs : lélīīm. celui qui est atteint d'é. des testicules : bɔ̰̄ ngīmí

éleusine : mbâà

élever : nûùng kūng, kɔ̄ɔ̀r

élimer : tɔ́grì

elle : há, hìy ; ʔúù, ʔàvì. **elles** : mɔ́, vɔ̀ ; ʔàmɔ́/ʔɔ̀mɔ́, ʔùvɔ̀

emballer : 'bīrì ʔə̰̄

emmancher : tûù. bout de bois utilisé pour e. le fer du harpon : mbàglà

émoussé : dùlù, dùrúrū

empaqueter : 'bīrì ʔə̰̄

empêcher : pêèr/pôòr, ɲā-rì, ʔɔ̄gɔ̀

empoisonner : rā-rì sè jī-rì búr

emporter contre (s') : tôò

empreintes : ɲíí bò̰, gòtò bò̰

emprunter : sígrì

enceinte (être) : tē-rì nī búr

encercler : gāāy (ʔə̰̄)

enclos à animaux domestiques : gòngò

enclume du forgeron : 'dàngā

encore : tɔ̀ng

endommagé (être) : ɲánì

endroit : jóng, háá, hò̰

enfant : vāā (pl. yāá) ; vāā ré ngórò. e. mal né, mal fait, mal conformé : vāā ré jɔ̄, vāā ré ngīnī, ngīnī vāā

enfantin : ngórò

enfiler : tûù

enflammer : tûù ʔór

enfler : ré-rì, ʔīìɲ, ʔāgrì

enflure : bāsàrā, yīrí, gílà

enfoncer : mbāà, tûù. s'e. dans l'eau : bô̰ò̰

engourdissement : jōng

engraisser : ndɔ́ɔ̀g

enivrer : dām ndɔ̄ɔ̀g

enlever : bêèɲ, bā-rì, dí-rì. e. le marc de la bière : kā-rì bìsī dām. e. le premier son du mil : rɔ̰̄a̰ɲ

ennuyer : mbísà

énorme : pàāy mɔ̀mɔ̀mɔ̀, ɲàɲàɲà, ngìngìngì.
énormément : dūbú búr ɲá

enragé (rendre) : ndɔ̄ɔ̀g

enrhumer : gú kērì

enrouler : 'bīrì. s'e. : mánì

ensemble : gún. mettre e. : hāàm nī

ensorceler : dògó gāà, gāà nī dògó/kùmɔ̄

ensuite : kámnā

entasser : kâav rē ɲíí gín-ì

entendre : dêem

enterrer : mûun

entièrement : mbágjá ; nī gìrī

entourer : gāày (ʔə̰)

entrave, entrave de pieds : kùù. e. à bestiaux : dádálīa

entre : dānā. **entre-doigt** : gàjà lángá sɔ̄ng. **entre-jambe** : gálà (bo̰)

entrée : nām

entrelacé, entremêlé : vítívítí

entrer : ʔîiɲ

entrouvrir (s') : tɔ́-rì. à peine entrouvert : péréré

enveloppe : kóró

envelopper : hêem (mɔ̄mɔ̄)

envie : ndīngā, ngùr

envier : ndíngà

envoler (s') : ʔārì

envoûter : dògó gāà, gāà nī dògó/kùmɔ̄

envoyer : sêem

épais : bɔ̄n-ɔ̄. être é. : bɔ̄ɔ̀n

éparpiller : tîiɲ

épaule : yégrè

épi : ɲíí. mettre l'é. : bōor ɲíí sɔ́-rì ɲíí

épier : gə̰̄ə̰̀

épilepsie : kɔ̀tìbèlé/kɔ̀tɔ̀bèlé

épiler : bêeɲ kɔ̀ɔ̄l

épine : ko̰

éplucher :tóólò, hôor (kóró)

épointé : 'dògsò

époque : yór

époux : pàà, táná (pl. tóórɔ́). prendre é. : tē-rì pàà. **épouse** : vêey, vōō (pl. yāā)

érection (se mettre, être en) : tə̰̄ ʔārì

escarbille : bīlì ʔór

escargot : kòngní/ko̰ní. escargots *sp.* : mbàrà, ságá, sóróró, kòngní yāng sīī

esclave : ʔìrā

espèce : gìtì

esprit : dēē, lūú, kòō. e. des morts : sīīrì

esquiver : ʔāàv

essarter : lɔ̄ɔ̀l

essayer : níngà, kērì nûung

essorer : kā-rì

est : lángá ʔàà, gìtì yór tōō-rɔ̄

est-ce que : ké...âa

estime (avoir de l') : ɲíí sí-rì

estomac : jògò/jùgù búr, ngɔ̀ngɔ̀ búr ; ngàarā búr

et : nī ; nà. et...(et) : nī, ʔáng ná... ʔáng (ná)

établi du forgeron : bágrá

étang : jɔ̀g

état (en mauvais) : jàgtà

éteindre, s'éteindre : búútù

étendue : jóng

éternuement : hádìsó

éternuer : sêem (hádìsó)

ethnie : gìtì

étincelle : tāàn ʔór

étoile : mbɔ́l mbīɲā. é. filante : mbɔ́l mbīɲā gīràng. étoiles (ou constellations) *sp.* : bàā bárà, bàā dày, mbīɲā, dɔ̀gɔ̀, njìgtì gē, ʔém kāsārā

étonner : ndɔ́jɔ̀

étouffer (s') : tálà

étourdissement (avoir un) : nɔ́n tā-rì kímbīrī

étranger : mbāā

étrangler (s') : tálà

être : sí-rì, jī-rì. ê. humain : vāā

étrier : mʷàɲmʷàɲ

étroit : réng, mbéng réng. é. et allongé : ngélngél. é. et sombre : ló̰, ngúlū, ngúlúlú, ngúlū ló̰

étui à couteaux de jet : ngèē

EUPHORBIACEES : *Hymenocardia acida* TUL., gāgrā. *Jatropha curcas* L., kùmɔ̄

européen : nàsāàr

eux : ʔàmɔ́/ʔɔ̀mɔ́, ʔùvɔ̀

évanouir (s') : nɔ́n sîìm

éveiller (s') : ʔíì, ʔārì (ɲíí rō̰)

éventer : ʔīvì. s'é. le visage : ʔīvì nɔ́n

éviter : ʔāàv

exciser : gîìv láɲ

excréments : ngín

exorbité : gògjò

exprès : rāy

extérieur : nām, nɔ́n

extrémité : nām

f

fabriquer : jôòn, kûù. f. des briques : dī-rì dēlèngēn

face : nām, nɔ́n. en f. de : nām, nām nɔ́n, nɔ́n

fâcher (se) : bûù 'bɔ̄ngɔ̄/dàr, 'bɔ̄ngɔ̄/dàr kērì, kērì 'bɔ̄ngɔ̄/dàr, dîìɲ dàr

facile : kàyà (femme)

façon : kōló. à la f. de : sōng. de cette f. : sōngàāsíīɲ/sō̰ʔàāsíīɲ, sō̰ò̰sɔ́ɔ̄, gìrī. de quelle f. : sīkà

façonner, f. l'argile : mɔ̄ɔ̀n. f. en forme de disque ou de boule : lâày. f. à la perfection : kērì kɔ̀tɔ̄

fagot : kʷēy

faible (être) : ʔɔ̄ɔ̀r

faim : gàmɔ̄/gɔ̀mɔ̄. f. de viande : ngùr. avoir f. : gàmɔ̄ kērì, gàmɔ̄ ʔâàm

faire : kērì. être fait pour : gāàr

falloir : il faut que, sāɲ nī jōō

famille : ndēē, ndâàv

fanon : gɔ̀grɔ̀

farine : mbúng

fatiguer : nɔ̂ɔ̀n, ʔɔ̄ɔ̀r

faucille : ngòròng

fausse couche (faire une) : yɔ̂ɔ̀r vāā

favoris : dàtà

féliciter : dēè nām, rā-rì nām, jōò nī jōō, jōò sàng

femelle : vōō. animal f. qui n'a pas encore (ou peu) mis bas : màndà. animal f. adulte : nīī

femme : vōō (pl. yāā), bèrē ré vōō, vāā (ré) vōō. celui qui passe son temps auprès des femmes : vōrō yāā gē

fer : bɔ̄g. minerai de f. : bíngí

fermenter : ndîìr, ʔārì

fermer : bí-rì, mbātì nām, ʔūtù nām, kîìm

fesse : hōlō gìtì. les fesses : màngún, gìtì, ngèr gìtì. dont les f. sont en saillie : gìnɛ̀ɛ̀, gínɛ́ɛ́

féticheur : bō̰ kùmɔ̄

feu : ʔór. activer un f. : ʔīvì ʔór. faire un petit f. : bûù ʔór. mettre le f. : tûù ʔór. prendre du f. : dāà ʔór

feuillage : kɔ̄r

feuille : sɔ́g, (sɔ́g) kɔ̄r. f. de ronier : bíɲá/bḛ́, kɔ̀tɔ̀ ʔíɲá

fiancer (se) : kɔ́lɔ̀ gún

ficeler : sêèv

ficelle : kúú

fiente : ngɔ̀ɔ̄l

fier à (se) : gāngnì

fièvre : gú. avoir de la f. : gú kērì

figure : nām, nɔ́n

fil de pêche : kúú kʷìīy

filet : kìmī/kùmū ; lángá dō

fille : bèy (parenté). jeune f. : vāā (ré) bèē, jàngà bèē

fils : vāā

filtrer : têèr

fin : nām mínì, nām kôòr, (nām) ngʷêèy /ngôì ; tòlò, ngīnī

finir : mínì, kôòr

flairer : ʔú-rì

flammes : gāàl ʔór. faire des f. : gāàl

flanc : kōō búr, gángnà

flatter : gūù

fleur : húr-ú. f. d'*Hymenocardia acida* : kòndì

fleurir : hûùr

fluet : kítī

flûte : dīng

foetus : vāā yɔ̄ɔ̀r

foie : jɔ̄r (ré) bíí/dúng-nú

fonctionnaire : bo̰ séɲ màrtīvī, nàsāàr

fond : ngàvɔ̀. f. de soi-même : ngààrā búr. f. de jarre : gùrúrù

fondre : gāàɲ. f. sur sa proie : sóòr

force : yōlōlō

forêt : ʔém

forge : jūū ; yāng jūū

forger : jóòn

forgeron : bo̰ jūū

former (se) : ʔārì (pluie)

fort : ndúrù, yōlōlō. être, devenir f. : ndíìr

fossette : mbìlì tòró, tòró nām

fou : bèrē ré sè ndɔ̄ɔ̀g. rendre f. : ndɔ̄ɔ̀g

foudre : tóó-rì māɲ

fouiller la terre : jāàr jóng

fourche : gàjà. f. formée par le confluent de deux cours d'eau : gàjà mīɲ. f. formée par les branches d'un arbre : gàjà ʔém

fourmis *sp.* : tītī ngīmí, tíɲā, lɔ́gɔ̀, lòòtòmbī, sūgù, kímbī, kísīní, ngūrsìīɲ /ngūrkìīɲ

fourneau de la forge : mbúr jūū

fourrage : mbórò

foyer : tīɲ. faire un f. : kú-rì tīɲ

frais : ʔɔ̄r-ɔ̄, sɔ̄rɔ́, sɔ̄rɔ́ sɔ̄rɔ́

franc : dànà

France : pàránjì

francolin : būù bēɲ

frapper : yōò, ʔíìm

frayer un chemin (se) : sā-rì nḛ

frère : vāā nīī, vāā bo̰

frire : ʔɔ̄ɔ̀n

froid : jìɲ

froisser : súgtù

front : súr

frotter : súgtù. se f. : gíjírì

fruit : yūū-rì/yūù ʔém. donner des f. : yūù. f. de *Burkea africana/Amblygonocarpus Schweinfurthii* : báná mbéèr. f. de *Combretum glutinosum* : ngòórkúmɔ̀. f. du karité : mbɔ̀r

fumée : dīrīm

fumer : yūù mɔ́ngɔ̀

fusil : ʔór

fût d'un arbre : búr ʔém

futur : rè

g

gagner, g. de l'argent : rā-rì jàà. g. au jeu de mbàrā : sú-rì mbàrà

gaîté : yē/yō séé-rá

gale : ngàná. g. du pied : tā̰y láv

galoper : mbūtù

garçon : jàngà bór

garder : núùng (kūng), ngóòm/ngéèm. g. avec soi : núùng (kūng) yē, ngóòm yē. g. pour soi : ngóòm nī jōō. g. qqch. pour son bien, pour se protéger : núùng nī (kūng) yē, ngóòm nī yē. g. une dent contre qqn : rā-rì jī-rì búr

garni (être bien) : gāàr

gâteau de courge : ngà'bɔ̄r

gauche, main gauche : ɲḛ̄. à g., sur la g. : ɲíí sōng ɲā

gecko : jīní mòó/dēē ndéé/dēē-ɲā

gémissement : 'bɔ̄ngɔ̄

gencive : bàrà ngìì

gendre : bo̰ pàà

genette : jàɲ

gengivite : jàjḛ̀

genou : ngòsò

gens : ndéé

gentillesse : búr tōō-rɔ̄

gerbe de chaume : ɲíí tōr

germer : bòòr

gibecière à poissons : mbòō ; ngèmbérē /ngàmbérē

gigantesque : ɲàɲàɲà

girafe : kòl

glabre : bàláng

glisser, glissant (être) : ˀõ̰õ̰

glossine : mbàà

glouton : hèrbò

gluant : bɔ̄r, ndìlèng

gluau : tīvī

goitre : bīrī rɔ̄g

gombo : hòg. gombo *sp.* : hòg pīī, hòg tángní, hòg ndìlà, hòg ˀólò

gonflement : bāsàrā

gonfler : ré-rì, ˀîíɲ, ˀāgrì, hōò dòi

gorge : rɔ̄g ; ngànggárà

gourde : júng

goûter : níngà

gouttière : nàām. poser une g. : rā-rì nàām. g. nasale : bòg ɲíí nām

grain, graine : nɔ́n. mauvaises g. : mbííllí (mbíílí sōō, mbíílí kōró, etc.). g. mal broyés : gèè. g. de beauté : gāà sūū

graisse : ndɔ́g-ɔ́

GRAMINEES : *Cenchrus biflorus* ROXB., sàkàrāàn. *Cymbopogon giganteus*, gàlā táná. *Dactyloctenium aegyptiacum* WILLD., bànjá. *Eleusine coracana* GAERTNER var. *stricta* ROXBURGH, mbâà. *Eragrostis cylindrica*, tērīm/tērēm. *Eragrostis tremula* L., kítíkánglá. *Imperata cylindrica*, tór. *Pennisetum gibbosum* STAPF, dōr. *Sorghum caudatum* STAPF var. *colorans* SNOWDEN, kàmsà, gɔ̀jɔ̀. *Sorghum caudatum* STAPF var. *feterita* STAPF, kōró mīɲ. *Sorghum elegans* SNOWDEN var. *elegans* SNOWDEN, kōró dúng-nú. *Sorghum guineense* STAPF var. *involutum* STAPF forma *3* SNOWDEN, mbùl. *Sorghum guineense* STAPF var. *scintillans* SNOWDEN, ˀɔ́r (tōō-rɔ̄). *Sorghum mellitum* SNOWDEN var. *mellitum* SNOWDEN, sīɲ bìì. *Sorghum membranaceum* CHIOVENDA var. *firmius* SNOWDEN forma *2* SNOWDEN, tíɲā. *Zea mays* L., mbàtì kōò (var. *indurata* STURTEV.), mbàtì kōò mānjā. *Andropogon sp.*, gēr tōō-rɔ̄. *Brachiaria sp.*, ndàgə̰mɔ̀ tèmbè. *Microprotus sp.*, bɔ̀gɔ́ gàà. *Sorghum sp.*, dàlà, sīɲ ndìlà. graminées *sp.* : dòrò, mbàtì bòlò (mils) ; jìrì, kíjéndí (mils sauv.) ; mbīī (riz sauv.) ; bōrbōsō, mbɔ̄sɔ̄, dàā, ndàgə̰mɔ̀ ndàyā, kùgū, gēr/gàlā vōō, gēr bíí

grand : júng-nú. être g. : jûùng, ˀèèr. g. et pointu : sòròrò. g., gros et pointu : sòlìò. g. et mince : kándíkándí. g. et rond : kòròrò

grandir : lēèl, jûùng, ˀēèr

grand-mère, g.-m. maternelle : nīī lāá nīī. g.-m. paternelle : nīī lāá bõ̰

grands-parents : bõ̰ lāá gē

grand-père, g.-p. maternel : bõ̰ lāá nīī. g.-p. paternel : bõ̰ lāá bõ̰

gras (devenir) : régtì

gratter (se) : pā-rì/bā-rì

grêle : māɲ kɔ̄sɔ̄

grelotter : sâàng

grenier à mil : bōróng

grenouilles *sp.* : bùtù, vɔ̄r gɔ̀jɔ̀, rīí, ngàlá

griffe : táná bõ̰, táná sōng

griffer : ɲí-rì

gri-gri : lánjā, gàjà

griller : dɔ̄-rì. g. pour faire de l'huile : ˀɔ̄ɔ̀n də̰

grillons *sp.* : dàná, ndír kɔ̀tɔ̄

grimper : ndɔ̄ɔ̀g

gronder : tôò

gros : pàāy, pàāy pàāy. g. et rentré : ngùn

grossesse : dém búr

grossir : ndɔ̂ɔ̀g, régtì

grouper : hāàr

grue couronnée : dāng

grumeau, g. de la bouillie : bɔ̀gɔ́ gàà. g. de la bouillie de son : ngɔ̀r bɔ̀gɔ́

guêpe : dānā. **guêpe-maçonne** : dānā gõ̰ó̰

guérir : gú-rì ; yûù

guérisseur : bõ̰ kɔ̄vɔ̀, bõ̰ gú-rì

guerre : dàr. faire la g. : ˀíìm dàr

guetter : bāà

gueule : nām

guilledou (courir le) : kērì kàyà

Gymnarchus niloticus : ɲòní

h

habileté : kɔ̀tɔ̄

habit : kīvī

habiter : rɔ̄-rì

habituel : rè

hache : mbèrē. h. européenne : mbèrē pásì

hacher : gíìv. h. menu : gíìv kítī kítī

hallier : kùù

halo autour du soleil : ʔàà yór

hameçon : kʷìīy

hanche : 'búgrù

hargneux : ngàngnì

haricot : sàà. h. sauv. *sp.* : sàà gòtò

harpe : kèndè

harpon : kɔ̀nɔ̄

haut : júng-nú. être h. : ʔēèr. en h. : dē

hennir : ríì

hépatite : sìmkìrí

Hepsetus odoe : jí yēē

herbe : lòò. mauvaise h. : bùtū lòò ; vɔ̄r (vɔ̄r sōō dìm, vɔ̄r kàmsà, etc.). h. sauv. *sp.* : jàvɔ̄

hérisson : ndúrù

héritage : dìvā ; sè dìvā

hériter : yī-rì dìvā

herminette : vàál

hernie étranglée : ngɔ́ɲɔ̀. avoir une h. é. : tē-rì nī ngɔ́ɲɔ̀, ngɔ́ɲɔ̀ kērì

hérons *sp.* : vàálà, vàálà kɔ̄r pōgō

Heterobranchus bidorsalis : gūrú

Heterotis niloticus : bɔ́gɔ̀

heurter : sùù

hibou : kʷày

hier : vɔ̀rɔ̀

hippopotame : yābā

hippotrague : ndàyā

histoire : gòtò tí

homme : bèrē ré táná, vāā (ré) táná. jeune h. : vāā (ré) bór

homme-lion : bō̰ gōlō

honte : tém. avoir h. : tē-rì nī tém, tém kērì, kērì tém

hoquet : súgú. avoir le h. : súgú dāàm

houe, fer de houe : vàrā. h. dont le fer est usé : táná vàrā

huile : də̰̀. h. d'arachide : də̰̄ sōō dìm. h. de karité : də̰̀ mbɔ̀r. h. de *Lophira alata* : də̰̀ kōgyō. h. de pastèque : də̰̀ jɔ̀gɔ́. h. de sésame : də̰̀ sɔ̀n

huit : pārārā

huître : kòngní/kò̰ní

humeur : míɲà

hurler : kērì kɔ̀rɔ́

hutte : yāng jāā

hydromel : dùmɔ̀

hyène : 'bɔ̀ngɔ̄, mùṵ̄ɲù

i

ibis sacré : kólō kòngní

ici : hàyá

ictère : sìmkìrí

ignames *sp.* : mbàlà, mbàlà dàā sōng yāá ; bàsēr (sauv.)

ignorance (par) : dāy

ignorer (s') : tíìɲ gún

il : há, hìy. **ils** : mɔ́, vɔ̀

imiter : gɔ̄ɔ̀r

importance (de moindre) : dɔ̄

importuner : mbísà, njívà

imprévoyant (être) : rɔ̄-rì ɟíí yē

impuissant (être) : tə̰̄ sī-rì

impureté : 'bɔ̄gɔ̀

incisive : ngìì ré nām nə̰̄

individu : bèrē, bèrē ré bíí

infecter (s') : kūndù

inférieur : sè

infirme (être) : ɲánì

infusion : kāvɔ̀/kɔ̄vɔ̀

initiation : gú ; jìì. femme qui dirige l'i. des filles : bàyà vōō

initié, jeune initié : vāā gú. **non-initié** : kʷàāy. **non-initiée** : láɲ

initier (se faire) : tē-rì gú, tē-rì jìì

injonctif négatif : vā

innombrable (en quantité) : dūbú búr ɲá, dūbú dūbú

insecte : dɔ̄. insectes *sp.* : bèlèng, bɔ̀gɔ̀, màngà, véré, támtāáɲ, dɔ̄ kɔ̄ró, dɔ̄ rīím, nīī lāá sīī, kí'dégé, kɔ̀rɔ́,

installer : kú-rì

insulte : jàg

insulter : jā-rì (jàg)

interdire : ɲā-rì

intérieur : sàng

intermédiaire de (par) : sōng

interposer (s') : sīíɲ dàr

intestin : ngēlé búr

involontairement : dāy

iris : rīí nón

ivre (être) : dām ndɔ̄ɔ̀g

j

jadis : mbárí, dīgāà, kóngɔ́

jaillir : tāàn. j. de terre : tɔ́-rì

jambe : bo̰, kāsā, ʔém bo̰, ʔém kāsā

jarre : mè, dālí

jaune : ʔàláng ndàà

je : hìɲ

jeter : vā-rì (kánì), gījà kánì, ʔíìm (kánì), ʔāàng kánì

jeu : ʔāg-ā. jeux *sp.* : mbàrà, lóò, lúgú, sóòr jɔ̀gɔ́, jàà

jeune : vāā, ngórò ; bór ; bèē/bàā

jeunesse : vāā

joie : yē/yō séé-rá

joindre : tāà. j. deux ficelles : tāà kúú

jonc : sēē

joue : mbìlì/kìlì

jouer : ʔāàg. j. au jeu de mbārā : dāàm mbàrà. j. d'un instrument de musique : yōò

jouet : sè ʔāg-ā

jour : dùù ; ɲíí ; yór (∿ nuit). chaque j., tous les j. : nī dùù gē

jugement : sàrîa/sàrîà

juger : túùng tí nī, túùng sàrîa nī

jumeaux : 'dìì, yāá 'dìì

jurer : mōò

jusqu'à : 'bákáká, bátí, mâârvâày, rútútú, gìrí. j. ce que : 'bákáká

juste : dànà

k

kaolin : kìīɲ

kapokier : kīnāvò, vòò. f. cotonneuse du fruit du k. : bùūl vòò

karité : sōn

kola (noix de) : górō

l

là : hàyá. là où : ho̰ ʔōō...yā. là-bas : hàní

laisser : má-rì (kánì). l. le passage : sīìɲ

lait : mō

lame : lélì/lélè/lèè. l. fine et tranchante : jéy

lamentations : 'bōngō

lance : yɔ̄rɔ̄

lancer : vā-rì, sóòr, ʔíìm

langue : lélì/lélè/lèè (organe) ; nām (idiome)

large : bòkòkò, tátà

larme : míɲà nón

larve : sèè

laver, se laver : dóòr, ʔûùng

le : ˀè/ˀò

lécher : lā̀a

léger : pógò, yèrèyèrè

lentement : ján, ján ján

léopard : kàgà

lèpre : bānjā

leur : ˀùmɔ́, ˀūvɔ̀

lever (se) : ˀārì

lèvre : kóg nām

levure de bière : hùlú dām

lézard *sp.* : díní, lɔ̀ɔ̄ng, rùgū, jīnī

lianes *sp.* : pɔ̰̄ɔ̰́, jàlà

libellule : dúndō

lien : ndāārá

lier (cheveux) : sɔ̄ɔ̀r bīɲ ɲíí

lieu : jóng, háá, hɔ̰̀

lièvre : dàgìīm

ligne : bárà. lignes de la main : gāā dàā sōng

ligoter : sɔ̄ɔ̀r

LILIACEES : *Asparagus africanus* LAM., kɔ̰̀ kūū. *Dipcadi longifolium* BAK., hɔ̰̄. *Gloriosa simplex* L., ngìrà bɔ̰̀ dàná

lion : gōlō. lionne : nīī gōlō

liquide organique : míɲà

lisière : nām

lisser l'argile : sígì

lit-claie : ˀém súrú

lobe de l'oreille : lēmbé sɔ́g

LOGANIACEES : *Strychnos spinosa* LAM., 'dènjī, ngùúrkútū

loin : 'dìím, kávúng. l. de : 'dìím nī

lombric : ɲḭ̀ɲā̰á̰, kèlèlè

long : júng-nú, tátà. être l. : jûung. l. et arrondi : sènglèng. l. et fin : sòròrò. l. et pointu : sòlìò

longtemps : bátí bátí, jàlàsà/jàlàsā

lorsque : sàng/hɔ̰̀ ˀōō...yā

lourd : ˀúng-nú. être l. : ˀûung

luciole : mbɔ́l mbīɲā

luette : jéy rɔ̄g

lui : ˀùú, ˀàvì

lune : dūū. fêter la l. : ˀîì dūū

m

mâchoire : mbòmbórò ; bɔ̰̀ mbòmbórò

magie : kùmɔ̄

maigreur : ɲúng-nú

maigrir : ɲûung

main : sōng. de la m. de : *id.* avoir la m. sûre : sōng ˀîìv

maintenant : láv jɔ̄ɔ̄

mais : nà

maïs : mbàtì kôò, mbàtì kôò mānjā

maison : yāng

mal, faire mal : mūùn. avoir m. à la tête : ɲíí yōò. avoir m. au ventre : búr mūùn. dire du m. de qqn : tánì ɲíí

malade, maladie : mbòtò. maladie bénigne : yē/yō vāā-rā. maladies *sp.* : bògròkàm, mùndō, sángán, jɔ̄ kúrù

malaise : yē/yō vāā-rā

malaxer : ˀɔ̰̄ày

mâle : táná (pl. tóórɔ́)

malgré soi : nī gìrī

MALVACEES : *Hibiscus asper* HOOK., dúú. *Urena lobata* L., dúú dí njàgá

mamelle : mō. **mamelon** : nām mō. m. d'un récipient : sɔ́g

manche : ˀém. m. de vàrā bày : bày. m. de vàrā kìlì : kìlì vàrā

Mandoul : ˀólò

mange-mil : tīíɲ

manger : sú-rì, yī-rì (dāā), mûung, lā̀a. m. la boule sans sauce : yī-rì dāā sīī

mangouste : njɔ̰̄

mangue, manguier : múngò

manière : kōló

manioc : mbàlà ˀém. maniocs *sp.* : mbàlà ˀém (ré) tōō-rɔ̄ (doux), mbàlà ˀém (ré) ˀɔ̄r-ɔ̄ (doux), mbàlà ˀém (ré) yóg (amer)

manquer : bôòn ; bôòr ; kōò (ɲíí)

mante religieuse : gàágō̰

marabout : lòvò

marc de bière de mil : bìsī dām

marchand : bèrē ré 'dɔ̄vɔ̀ sè

marché : súgū

marcher : ndágà

mare : pōgtō, jɔ̀g, kòrōng

mari : táná (pl. tóórɔ́)

mariage : gārā. célébrer le m. : yī-rì gārā

marier (se) : tē-rì pàà ; ʔúù gún ; yī-rì gārā

marigot : jɔ̀g

marmite : kátà. m. à boule : kátà dāā. m. à sauces : kátà yɔ̀g. grande m. à bière : kátà sángá

marque : gāā

marteau du forgeron : súgù (jūū)

masser : gíjírì

matin, matinée : bùù yór tōō-rō ; yór ʔàrā ɲíí mɔ̄n ; yór tōō-rō ; yór rāg dē jɔ̄ɔ̄ ; yór rē láv nī ráàg dānā ʔàà. petit matin : kàtàng, kōjóng

Mbay : mbáyā

méchanceté : búr bíí

médicament : kāvɔ̀/kɔ̄vɔ̀

médire : hâā

mélanger : bēngì/bīngì, hāàm

MELIACEES : *Khaya senegalensis*, ʔér

menacer des yeux : gûūn

mendier : lálà

MENISPERMACEES : *Cissampelos mucronata* A. RICH., kítíjàlà

mensonge : bārá, ngāmnā

menstrues : kɔ̄r

menteur : bèrē ré ngāmnā

mentir : mbáyà, jāàn bārá, jāàn ngāmnā, ngámnà

menton : gìtì nām, bō̰ gìtì nām

menu : kítī

mépriser : jámɔ̀, jágtà

mère : nīī

mésange-rémiz : tòlò

mesure de (être en) : ndēèm (nī jōō)

mesurer : témnì

métamorphoser (se) : díìɲ

mettre : bā-rì, túù, rā-rì, yúù, ʔāàng. m. bas, m. au monde : ndáāv. m. au linceul : sɔ̄ɔ̀r. m. le feu : ré-rì ʔór. m. de l'eau dans : kērì mīɲ sàng. m. la boule dans la calebasse ngúù : ndāàv

midi : dānā ʔàà, yór rāg dānā ʔàà

miel : tōgō. faire du m. : ndɔ́ɔ̀g

miette, miettes de grains de mil utilisées dans la préparation de la boule : sèl

mil : dāā

milan : dòōlò

milieu : dānā. au m. de : vōrō, dānā

mille, des mille et des cents : dūbú

mille-pattes *sp.* : bɔ́gɔ̀, dō mbúr, kùlú-lūng

MIMOSACEES : *Acacia sieberiana* D.C., kō̰ tōō-rō. *Amblygonocarpus Schweinfurthii* HARMS, mbéèr. *Parkia biglobosa* BENTH., lēl. *Prosopis africana* (G. et PERR.) TAUB., sáàm

mince (très) : réng

minuit : dānā dùù

miroir : kótóràm

modeler à la perfection : kērì kɔ̀tɔ̄

moi : ʔàmà

moignon : 'dūndū

moins que (être) : kōò gìtì

mois : dūū

molaire : bɔ̀gɔ̀ ngìì

molette de potier : ʔém mè

mollet : búr bō̰, gándà bō̰

MOLLUGINACEES : *Gisekia pharnacioides* L., lòò kéré

moment : hō̰

mon : ʔēèɲ

monter : ndɔ̄ɔ̀g. m. à cheval : ndɔ̄ɔ̀g ndàà

monticule de terre : bármbátā, yéé

montrer : gērì. m. du doigt : sāvɔ̀

moquer (se) : mbūūrú kērì, kērì mbūūrú

MORACEES : *Ficus sp.*, sìɲá

morceau, petit m. compact de qqch. : bɔ̀gɔ́. m. de poterie que la potière incorpore à l'argile fraîche : kūlūng. en petits m. : kítī kítī

mordre : nîīm

mors : jém

morsure : rāng

mort : sīī ; bo̰ sīī

mortier : sə̰̄. m. de la potière : pɔ̀gtɔ̀

morve sèche : ngɔ̀ngɔ̄ mbúr

motte de terre : bɔ̀gɔ́ rūū

mou : jēē-rā. devenir, être très m. : jēè lémlém

mouches *sp.* : dír, dír pɔ̰̄ɔ̰́, sàá nī də̰́ hêḛɲ sú

moucher (se) : tḛ̂ḛ/sḛ̂ḛ mbúr, jîīng mbúr

mourir : sī-rì

mousse : hùlú

moustache : bēɲ nām

moustique *sp.* : sìsîīɲ/sèsîīɲ

moût de bière : bàrì dām

mouton : tàmá

moyennement : ndèng

mur : bángá

mûr : dúng-nú. être m. : dûūng, ndîīr, nɔ́-rì

mûrir : dûūng, ndîīr, sîīm

musulman : dìm/dùm

mystifier : gūù (gú)

n

naevus : gāà sūū

nageoire : yégrè

nager : ʔɔ̄lɔ̀

naguère : mbárí, kóngɔ́

nain : mbúgjú, gīrīm mbúgjú, gīrīm gúrgúr, gúrgúr

naja cracheur : jɔ̄ kàkâāng

nasse : làvɔ̄, ʔíyà, kùtú, gɔ̀rɔ̀, gàtà

natron : (sɔ̄g) ngélē

natte : lāā. n. de séchage : páálà

négation : rē

négliger : jágtà

nénuphar : hún

néré : lēl

nerf : ngìrà

nettoyer : jîīng

neuf : sèè

neuf (numéral) : bór sōng ré ngōóng

neveu : vāā ; yávɔ̀ ; vāā dīvà

nez : mbúr

niche à poules : bìlà būù

nid : njàtà

nivaquine : nìvàkīīn

noeud, faire un noeud : pêēr/pôōr kúú, pêēr/pôōr nām kúú. n. d'une tige de graminée : kùrù

noir : bíí, sím-í. être n. : sîīm

noircir : sîīm

nom : jōō

nombril : kìì

non : jàg

norme (selon la) : nī kūng-rîīy

notre : ʔìɲā, ʔīyà

nouer, n. deux cordes : tāà kúú. n. les cheveux : sɔ̄ɔ̀r bīɲ ɲíí

nous : ɲā, yà ; ʔàɲā, ʔàyà

nouveau : sèè. de n. : tɔ̀ng

nouveau-né : vāā ré dúng

nouvelle : hàāvɔ̀

noyau : bo̰

nu : bārā

nuage : ʔārì māɲ. n. de criquets : tāá

nuire (moyen de) : nə̰̄

nuit : dùù ; bùù kōjóng

nuque : (kɔ̄tɔ̄) kūng

NYCTAGINACEES : *Boerhaaria repens* L., yāá yēē

nymphes (de la vulve) : kɔ́g mbìtì

O

obligatif : rè

obscur : sím-í

obscurcir (s') : sîîm

OCHNACEES : *Lophira alata* AUCT., kōgyō

odeur : sìm

oeil : nɔ́n. qui a les yeux plus gros que le ventre : gòvôong

oesophage : nə̰̄ rɔ̄g

oeuf : hə̰̄

ogive (en) : sènglèng

oindre d'huile de karité (s') : jîîng də̰̀

oiseau : kólō. oiseaux *sp.* : bàyà, mbúgtíkílī, tíɲāāngōng, dàbà, légì, ʔém bō̰ kílà, kálà, gɔ̀ɔ́l, ngʷīíɲ, ngɔ̀r bɔ̀gɔ́

ombre : bùù ; dēē. o. provoquée par un nuage : kààlìm

oncle, oncle maternel : yávɔ̀. o. paternel : yī bō̰

ongle, ongles des mains : táná sōng. o. des pieds : táná bō̰

onze : mò nī ʔə̰̄ ré ngōóng

Ophiocephalus obscurus : sōrōng

orange, oranger : làmîîn ré tōgō

orbite de l'oeil : bɔ̀g nɔ́n, ngûù nɔ́n

ordonner : mbɔ̄grì

oreille : sɔ́g

oreillons : tíí kìlí

orifice : nām

origine : gìtì

orphelin : vāā kīrā

orteil : (yāá) lángá bō̰. gros o. : nīī bō̰

orthoptère : dìgí. orthoptères *sp.* : dìgí bānjā, dìgí dúng, dìgí ndākùū, dìgí ngāārà

os : bō̰. os de la cheville : ngòró bō̰. os saillants de la main et du poignet : ngòró sōng

ôter : dí-rì. ô. le dessus de qqch., une petite quantité de qqch. : dí-rì ɲíí

ou, ou bien : kérè

où : hàāy (interrogatif); hō̰ ʔōō...yā

oublier : ɲíí sīpōng

ouest : gìtì yór rɔ̀mɔ́

oui : ʔḭ̄

ourébi : ʔɔ̄lɔ̄

ouverture : nām

ouvrir : dîîng nām ; tálà. o. par le milieu : sā-rì dānā/sàng. s'o. : tɔ́-rì

P

pagaie : hâày

pagayer : jāàr pɔ̄g

pagne entier : ɲíí kīvī

païen : bèrē ré sàng sōng sūū

pain de sucre (en) : 'bòròrò

palabre : ndōō

palais : ngànggárà

PALMIERS : *Borassus flabelliformis*, ʔíɲá

palper : tārì

PANDACEES : *Panda oleosa* PIERRE, vánā

pangolin : mbɔ̀r mángá

panier : 'bùgù, mbɔ̀rɔ̄, dúúrù, kɔ̄r, kúrú,

pantalon : pàtàlɔ̰̄ɔ̰̄, njālā

papier : màrtīvī

PAPILIONACEES : *Afromorsia laxiflora*, tírāāɲ. *Arachis hypogea* L., sōō dìm. *Erythrina sigmoidea* HUA, mbámbàāl. *Rhynchosia minima* (L.) D.C., gìndī gē. *Tephrosia bracteolata* GUILL. et PERR., rēɲ ré táná. *Tephrosia lupinifolia* D.C., nɔ́n dɔ́gɔ̀. *Vigna catjang* WALP. var. *sinensis* ENDLER, sàà bíí, sàà bāná, sàà tōō-rɔ̄. *Voandzeia subterrannea* THOUARS, sōō.

papillon : kɔ̀tìbèlé/kɔ̀tɔ̀bèlé

parasite (qui vit en) : yìhórō

parce que : nī jōō

pardonner : táárà

pareil (être) : ndēēm gún, ɲānì gún

parenté : ndēē, ndâav

paresse : ɲòngō

paresseux : bèrē ré ɲòngō, yìhórō

parler : ʔīīɲ (kūng) tí, tánì, vɔ́ɔ̂l tí

parmi : vōrō, dānā

parole : tí

parrain d'un initié : bǭ gú

partage : sè gānì

partager : kíɲà, gānì. p. en deux (ou en plusieurs parts) dans le sens de la longueur : ríyà

particules de boule restant attachées à la marmite : ngɔ̀ngɔ̄

partie active/utile de qqch. : nām

partir : tē-rì, jêeɲ, ʔārì

passer : yāà. p. un cours d'eau, un marigot : bōòr mīɲ

pastèque : 'dàlá

patates douces *sp.* : bāngàv, bùtúlù

paume : dàā

paupière : kóró rīí nɔ́n

pauvre, pauvreté : nò, dāngtí

payer : ʔāgrì. p. une dette : dōò kīrā

peau : kóg, ndāārá. vieille p. de cabri inutilisable ou servant à lisser l'argile fraîche : bírī kóg

pêcher à la ligne : vā-rì kʷìīy (nām ʔém)

pêcheur : bǭ jí, bǭ ʔólò

PEDALIACEES : *Ceratotheca sesamoides* ENDL., hòg mbúng. *Sesamum indicum* L., sɔ̀n tōō-rɔ̄. *Sesamum radiatum* SCHUM., sɔ̀n pùū

peine (avoir de la) : gāngnì tí

peler : tóólò

pencher : tîìm, bēèy. qui pend : lòngtòng

pendant que : sàng/hǫ̀ ʔōō...yā

pénétrer : ʔíìɲ

pénis : tǭ

penser : dēè, gāngnì (tí). p. que : dēè nà, gāngnì ná. p. à : gāngnì ɲíí

pépin : nɔ́n

percer : sóòr

perche à pirogue : ʔàlà

perdre (se) : yīì

père : bǭ

périr, faire p. un arbre en brûlant des fagots à son pied : dɔ̄ɔ̀r, sûùn

permettre : hó-rì nām nǭ

personne : bèrē, bèrē ré bíí. en p. : būnɔ́

péter : tā-rì ngín

petit : gīrīm, gòjì ; ngórò ; kítī. p. et pointu : sólió, sóróró. p. et rentré : ngún. p. et rond : kóróró

petit-fils, petite-fille : vāā kàg

pétrir : ʔɔ̰̄ày

peu : (vāā) ndéɲ/ndḛ́ ; ján, ján gìrī, ján ján

peur : yéé, yógó. avoir p. : yógó kē-rì, kērì yógó. faire p. : gūù

peut-être : kínâa/kénâa

phacochère : déé

pièce d'étoffe : ɲíí kīvī

pied : bǫ̀, kāsā. à p. : nī bǫ̀

piège : dà. partie fixe des p. à ressort : gɔ̀grɔ̀ dà. piège à assommoir : mbànā. pièges-collet *sp.* : 'dìīndà, dà pàāy, dà yāng, gìndíìng, gàām, hɔ̰̂y. pièges-trappe *sp.* : mbīɲā, kúú kèrē

piétiner : nǭ̀

pigeons *sp.* : dákōló, gòtò, gòtò mbààgē, dêer

Pila vernei : kòngní ʔólò

piler : súù, mbíɲà ; pɔ̄ɔ̀ng ; tíìm ; sɔ́-rì. p. en choeur : ʔánì sǭ

piler : súú

piments *sp.* : jálá, káná

pinces de forgeron : ngàríngàng

pincer : ɲí-rì, hāàm

pintade : ndàà kìlì

pipe : tòró

piquant : kǫ̀

pique-boeuf : pēgé

piquer : dāàm ; níìm, sóòr

piquet, p. pour attacher un cheval : bēlē ndàà. p. pour attacher une chèvre : bēlē yíì

piqûre : rāng

pirogue : pɔ̄g

piste : nə̰̄. ouvrir une p. : jôon nə̰̄

place : dòrò, gòtò, háá, hò̰. p. mortuaire : háá sīī

placenta : kòò

plaie : rāng, ngòngnī

plaire : sêe

plan : lày

planche de portage : bàrà

planer : gó-rì

plante (du pied) : dàā

plante : kɔ̄r. plantes cultivées *sp.* : mbētēlē (à tubercules), gò̰. plantes sauvages *sp.* : pàrì, púr, bàyógó (à tubercules), bàkíndōríō (à tubercules), bùūl móngɔ̀ (parasite du tabac), búr būù, mbùglú (à tubercules), mō yîì, tōrō, dìīmtòvò, ndērī, ndàà kɔ́rɔ̀, ndūgū ré táná, rḛ̄ɲ ré vōō, jìngā, jīrà, kílàāvdɔ̀, kɔ̄r jìì, kɔ̄r ngìì, kór, kúnɔ̀, gàà jì nī, gɔ̄nɔ̄, húyō

planter : bûù ; mbāà ; tîìv

plaquer : bí-rì

plat : lày ; dàā. p. du haut du crâne : dèrā ɲíí

plein, être p. : ʔîì. avoir le ventre p. : búr ʔîì. **être pleine** : tē-rì nī búr

pleurer : jûù ; pā-rì

pleuvoir : sé-rì

pli, pli du bras : kùù sōng. p. de graisse : kūrū

plier : ndûùg, kúrù

pliure du genou : lɔ̀gtɔ̀ bò̰

pluie : mā̰ɲ. première p. de la saison : mā̰ɲ bìnā nām kāsārā

plume : dàng

plumer : rɔ̰̄àɲ

pluralisateur : gē

plus que (être) : tó-rì

poignée : gìtì

poignet : kùrù sōng

poil : bḛ̄ɲ/bḭ̄ɲ, dàng

poinçon : lēmbé

point que (au) : hō

pointe : lēmbé. p. de la langue : nām lélè. p. inférieure du sternum : nām jɔ̄r. en p. : 'bòròrò

pointu : mbòì, mboí, sòlîò, sólió, sòròrò, sóróró. être p. : ʔîìv. non p. : 'dògsò

pois de terre : sōō

poisson : jí. poissons *sp.* : tà̰ɲ, jí mbásā, ɲīr, gárngátà. **poisson-caïman** : bònò. **poisson-perroquet** : kɔ̀tɔ̀kúnɔ̀

poitrine, poitrail : gɔ̀grɔ̀

POLYGALACEES : *Securidaca longipedunculata* FRESN., tàv

Polypterus bichir : bònò

pomme d'Adam : gɔ̀lɔ́ rɔ̄g

pommette : bò̰ nɔ́n, gìtì nɔ́n, bō̰ bò̰ nɔ́n, bō̰ gìtì nɔ́n

pondre : sīḭ̄ɲ

pont : ndáá

poquet : bɔ̀g. faire des p. : sāàv bɔ̀g

porc-épic : bādūmɔ̄

porte : nām yāng

porter : sêeg, yûù

PORTULACACEES : *Portulaca oleracea* L., kírùgjú

poser : rā-rì, kú-rì

posséder : tē-rì nī, sêen/sôon

potière : bō̰ mɔ̄ɔ̀n sè

pou : ngísā

pouce : nīī sōng

poudre : mbúng

poule d'eau : tāngātāngā

poulet : būù. **poule** : nīī būù

poumon : jɔ̄r (ré) tōō-rɔ̄

pour : nī jōō. p. que : nī jōō, hō, hó

pourchasser : nɔ̄ɔ̀n

pourpier sauvage : kírùgjú

pourquoi : nī jōō kèē

pourrir : njɔ̄ɔ̀g

pourriture : njɔ̄g-ɔ̄

poursuivre : nɔ̄ɔ̀n

pousser : bōòr, ré-rì ; sīḭ̄ɲ gàyà ; bēèy, tínì, tûùng, sīlà. p. qqn à mal agir : gūù. celui qui p. à mal agir : bō̰ gú.

p. des youyou : ri͡i

poussière : pùtú

poutre faîtière : ʔém ré ɲíí yāng

précipiter (se) : ɲí-rì tèè

premier : tàtùnɔ́, nām tàtùnɔ́. en p. : (nām) tàtùnɔ́, ɲàn

prendre : pūùn, bu͡u, dí-rì, dūù, rā-rì, jīì, ʔu͡u, kāà, hāàm. p. époux : ʔu͡u pàà. p. femme : ʔu͡u vōō. p. le dessus, une petite quantité de qqch. : dí-rì ɲíí. p. un morceau de boule (avec les doigts) : ɲí-rì dāā. p. qqch. dans un récipient : di͡im. p. qqch. pour son bien, pour se protéger : ngo͡om nī yē

préparer : ndágrà, sa͡ang. p. la boule : yīì (dāā). p. la sauce yɔ̀g sɔ́-rì : sɔ́-rì yɔ̀g

près : mbéng, láv, láv láv, ngʷàáy. p. de : láv nī, ngʷàáy nī

présage de mort : kɔ̀vɔ̀

présent gnomique : rè

presser : mbíɲà ; ʔígrì, ʔi͡i ; kā-rì

présumer : gāngnì

prêt : kīrā

prêter : sígrì

prison : dàngáày

prisonnier : ʔìrā

prix : gātā

proche : láv, ngʷàáy

proéminent : gògjò

profil : gávrà

profiter : mbɔ̄grì

profond (être) : ru͡ung

profondeur (qui est à faible) : kèrkèsè

propos délibéré (de) : rāy

propre (être/rendre) : ʔāày. être/rendre très p. : ʔāày njátí

propreté : ʔāy-ā

prostitue (qui se) : kàyà

protéger (se) : nu͡ung nī (kūng) yē. se p. de : nɔ̄ɔ̀n ɲíí, ʔu͡ur nī

Protopterus annectens : jīɲ

proverbe : sūū tí, kōló tí

provocateur : ngàngnì

provoquer (qqn) : ɲíngà, yārì rɔ̄g

pubis : bɔ́ndɔ̀, dàda͡a

puce : 'bèēr

puéril : ngórò

puis : nà

puiser : mūùn, nə̰̄ə̰̀

puits : jūù

punaise : 'bà'bārā

pupille : rīí nɔ́n ré bíí

purulent (devenir) : kūndù

pus : mīɲ tōō-rɔ̄

pyrograver : yu͡u

pyrogravures de calebasse : gāā ngu͡u

python : jɔ̄ ngāārà

q

quand : yígí ; sàng/hɔ̰̀ ʔɔ̀ɔ̄...yā

quantité (en petite) : ján, ján ján, ján gìrī

quarante : mò ndāàg

quatorze : mò nī ʔə̰̄ ré ndāàg

quatre : ndāàg. **quatre-vingt** : mò pārārā. **quatre-vingt-dix** : mò bór sōng ré ngōóng

quelque, quelque chose : sè. quelque part : hɔ̰̀ ré ngōóng. quelqu'un : bèrē, bèrē ré bíí. quelques uns : dùnɔ́ gē, ndávɔ̀ dùnɔ́ gē

quémander : lálà

querelle : ndōō, gə̰̄. chercher q. : ɲíngà, yārì rɔ̄g

querelleur : ngàngnì

qu'est-ce que : kèe

question (poser une) : dējì/ndējì tí, yí-rì tí

queue : tə̰̄, gʷàɲ tə̰̄ ; dàng gìtì

qui : mīní

quinze : mò nī ʔə̄ ré sārì

quitter : ʔārì. se q. : ʔārì nām gún

quoi : kèē

r

rabougri : bīndà

raccompagner : rɔ̂ɔg

race : gìtì

racine : gìtì, ngìrà. r. de dent : gìtì ngìì, ngìrà ngìì

râcler (une peau) : bêeɲ kɔ̀ɔ̄l

raconter : gērì

rafraîchir : ʔɔ̄ɔ̀r

raie des fesses : ngàɲà gìtì

raison : ndàyā

ramasser : dūù, rā-rì, jīì, kāà, kāàv ; bûùr. r. un à un : hûùng

ramification : sōng

ramollir : gāàɲ

ramper : bāà ; jā-rì

rancune : sēvē, ngìlà. avoir de la r. : rā-rì jī-rì búr, gāà jī-rì búr

ranger : mbɔ̄grì

ranimer un feu : kâàv ʔór

rapaces *sp.* : vàrà, vàrà kòōyò, gìrá

rapide : pógò. **rapidement** : láv

rapport avec (être en) : ndētì

ras-bords (à) : bùtùtù

rasé : ngòrōng

raser : bā-rì. se r. : bā-rì beɲ nām

rasoir : jéy. r. à exciser : jéy jìì

rassasier : hōò. qui n'est jamais rassasié : hèrbò

rassembler : kâàv, hāàm nī, hāàr

rat : kūū. rats *sp.* : béjēlé, lángā, jònjì, gùngùn, hɔ̀lɔ́

rater : bôon

rattraper : tāà

raviver un feu : kâàv ʔór

rayé : bɔ̄n-ɔ̄. être r. : bɔ̄ɔ̀n

rebord : gávrà ; sóg

recevoir : sêen/sôon

réchauffer (se) : ʔɔ̄ɔ̀

récipient à sauces : ʔālāng

récit : gòtò tí

récolter : sɔ́-rì, ʔāàv, hûùng. r. le miel : dí-rì tōgō. r. le mil : gîìv dāā

réconcilier (se) : túù ndēē

recoudre : ʔāàr

recracher : tōò

rectiligne : gònggòng

recueillir le dessus d'un liquide à l'aide d'une petite calebasse : dāàm ɲíí

redressé vers le haut : tḛ̀

réduire : bánì nī nām. r. en pâte, en bouillie : pɔ̄ɔ̀ng

refaire : bánì kērì

réfléchir : gāngnì

refuser : tāàg, ɲā-rì

regard de (être du) : ndētì

regarder : gḛ̄ḛ̀, nûùng. r. derrière soi : rāàv

régime (de bananes) :

règles : kɔ̄r. avoir ses r. : yûù kɔ̄r, kɔ̄r kērì

règles (dans les) : nī kūng-rììy

regretter : sḛ̄ḛ̀

regrouper : kâàv

rein : sàà

reine d'une termitière : ngāārà kàà

rejet : kɔ̄r

rejoindre : tē-rì kūng, tāà, lâà nām

relatif : ʔòō/hó...yā

remblai séparant deux champs : ɲāngā

rembourser : dōò kīrā, ʔāgrì

remède : kāvɔ̀/kɔ̄vɔ̀

remplir : ʔīvà, ʔíì. r. complètement, jusqu'à saturation : ʔɔ̄jɔ̀

remuer la boule de son pour la rendre compacte : dāà bìnà

rencontrer : tāà. se r. : tāà gún

rendre : bánì nī, mbɔ́grì nī. r. à la vie : ʔégrì ɲíí sīī

renifler : yūù mbúr

rentrer : mbɔ́grì, rī-rì

renverser : bēèy, sīlà

renvoyer : nɔ̄ɔ̀n

répartition : sè gānì

repiquer : búù

répondre : jōò, ʔíì

reposer (se) : táà kòō

repousse : sə̄-nā, kɔ̄r. jeune r. de *Daniellia oliveri* : kɔ̄r bàdúng

réprimander : tóò

réserve (mettre en) : núùng kūng, kērì kālá

résidu : bìsī, bùtū

résorber (se) : ʔɔ́njɔ̀

respect : yéé. formule de r. : lāá

respecter : díìr, déèm nām

respiration : kòō

respirer : táà kòō, ʔɔ̰̄ɔ̰̀

ressembler à : sínà...nī

ressentiment : ngìlà

ressusciter : ʔégrì ɲíí sīī

reste : gítì

rester : rāàg, sí-rì, jī-rì, jēgé-rì ; bóòr ; yíì

rétablir (se) : ʔɔ́njɔ̀

retarder : péèr/póòr

retirer : béèɲ

retourner : bánì, mbɔ́grì ; dīlà. se r. de tout le corps : dīlà

retrouver : séèn/sóòn

réunir : káàv, hāàr. se r. : káàv gún

réveiller : ʔégrì. se r. : ʔíì, ʔārì (ɲíí rɔ̰̄)

revenir : bánì, mbɔ́grì

rêver : rɔ̰̄ày. r. de : rɔ̰̄ày nī

revers : ʔə̰̄

rhinocéros : bànā

rhizome : gìtì. r. de nénuphar : ɲə̰̄ə̰́ ; gìtì gùnglùng

rhombe : nīī lāá sīī

rhumatismes : mbúng ʔém

richesse : làálì

ride : ndūrú

rideau de jonc : pálpàl

rider (se) : tā-rì ndūrú

rien : ʔúrú

rire : mɔ̄ngɔ̄

rival, rivalité : jàngà

rivière : bāā

rixe : dàr

riz : lásī/lɔ́sī/rísī ; mbīī (sauv.)

rompre (se) : túùng

rond : rùndú ; kòròrò, kóróró ; ngòrí/ngòró ; dòì

rongeur *sp.* : bārā

ronier : ʔíɲá

ronfler : bɔ̰̄ɔ̰̀

rosée : mɔ̄n

roter : gījà

rotule : tānglā ngòsò

rouge : dúng, dúng-nú

rouler : 'bīrì, kúrù. r. une corde : ʔōòr

roussettes *sp.* : dēē, dēē dòngò

route : nə̰̄

RUBIACEES : *Sarcocephalus esculentus* AFZ., ngūtā

ruche : būndú

rumeur : hàāvò

ruminer : gījà

S

sable : pùtú ʔólò, dɔ́gɔ̀

sabot : kévtè bɔ̰̀

sac : ngɔ̀ngɔ̀

sacoche en peau de cabri : mbàglá

sacrifices funéraires : sátígà, kūjú

sacrifier à la lune : ʔíì dūū

sagaie : kám. sagaies *sp.* : sàtā kám, sòngʷèy/gàgà, kám ré léé

saignée du bras : kùù sōng

saillant : gògjò

saisir : bûû, gāà, hāàm

saison : dūū. s. froide : dūū jîɲ. s. des pluies : pīī. s. sèche : ndìlà

saleté : púr, njə̰̀ ; 'bɔ̄gɔ̀

salières : bɔ̀g rɔ̄g

salive : tōr (nām)

saluer : dīìɲ

sandale : sānjā, sāā, màrkéèv

sang : dém. s. menstruel : dém kɔ̄r

sangsue : tēndī

sans : ˀānjì

SAPOTACEES : *Vitellaria paradoxa* GAERTN. (= *Butyrospermum Parkii*), sɔ̄n

Sara : bārá

sarcelle : bìríbáà

sarcler : kērì kɔ̄r

Satan : sūū

saturer : tûû, ˀīvà, ˀíì

sauce : yɔ̀g. s. longue : yɔ̀g bɔ̄r. faire la s. longue : jā-rì yɔ̀g. sauces *sp.* : mbítí, jàām njòrò, jɔ̄gɔ̄ dúú, yɔ̀g 'bɔ́tɔ̄, y. 'bòló, y. mbītī, y. nīng, y. sɔ́-rì, y. sɔ́g njílà, y. sɔ́g hàdísò, y. jí, y. jīrà, y. kʷéygírá, y. kɔ̀ndì, y. hòg, y. hòg tángní, y. húr-ú tàv

sauter : yûû ɲíí, ˀōòr

sauterelles *sp.* : pàpòglò, mbìlí, sīlí-sīlí, jàá jɔ̀lɔ̄, kàm, ngīrāvāáɲ

sauver : gāàv

savoir : dûû

scarification : gāā kɔ́tɔ̀

scarifier : tīì gāā, sāàv gāā

scolopendre *sp.* : ndànìɲà

scorpions *sp.* : nə̰̄, ndāníɲá

séant : ngèr gìtì

sec : píɲá/pé. être s. : pá-rì. être presque s. : būùr, yēè

séchage du mil (aire de) : gōōrɔ̄

sécher : pá-rì, ɲāàn ; bûû bíí

séchoir : kāsārā, dàvɔ̄/dɔ̀vɔ̄

séco : ndògō

secouer : sēè, yígà

secourir : gāàv

sein : mɔ̄

seize : mɔ̀ nī ˀə̰̄ ré sārì mɔ̀n

sel : sɔ̄g. s. indigène : sɔ̄g ɲò

selle : síldí

sembler, il semble que : sínà...nī

semence : kālá

semer : têê ; rûû

sens, mettre sens dessus dessous : tîîɲ kátíkátí

sentir : ˀú-rì

séparer : sā-rì dānā/sàng. se s. : tîîɲ gún, ˀārì nām gún. s. ceux qui se battent : sííɲ dàr

sept : bīɲām tāà

serpent : jɔ̄. serpents *sp.* : jɔ̄ hàvlà, kɔ́rbá

serré : njìgtì. être bien s. : gāàr

serres : táná sōng

serval : gūjā

servir, dont on ne se sert plus : bɔ̄gɔ̄

serviteur : pàjā

sésame : sɔ̀n. sésame *sp.* : sɔ̀n bíí (non identifié)

seul : nī kàlà

sève : míɲà ˀém ; bòtò

sexe de la femme : mbìtì, gálà (bò̰)

si : bòō ; ké...áà. si bien que : hō

siège : pògtò

sifflement : ngòtíò, ngòlò

siffler : kûû, kûû ngòtíò, kûû ngòlò

silence : mbūtū

silhouette : dēē

singes *sp.* : béɲ, béɲ bíí, béɲ dúng-nú

sinueux : vítívítí

six : sārì mɔ̀n

soeur : bàā nīī

soif : yór mīɲ

soigner : gú-rì

soi-même : bō̰ ˀàà, būnɔ́

soir : rɔ̀mɔ́, bo̰ rɔ̀mɔ́, yāá gē rɔ̀. le soir : nī rɔ̀mɔ́

soixante : mò sārì mɔ̀n. **soixante-dix** : mò bīɲām tāà

sol : rūū, nām rūū, ɲíí rūū

SOLANACEES : *Solanum sp.* : hòg nām vàrā

soldat : bèrē ré ʔór, ʔásígàr

soleil : yór

solide (être) : lēèl

solitude : kàlà

sombre (de couleur) : bíí, sím-í

sommeil : rō̰

sommet : lángá, sɔ̀lɔ̀. s. du crâne : dèrā ɲíí

son : ʔûù, ʔēèy

son (de mil) : bìnā, ngàsâàlá (bìnā), bìnā ré tōō-rō

songer : gāngnì

sorcellerie : kùmō

sorcier : bō̰ kùmō. **sorcière** : dògó

sortir : bōòr ; tɔ́-rì

sottise : mbūūrú

sou : sūū

souche d'arbre : bēlē, 'dūndū ʔém, gīrīm bēlē, gīrīm ʔém

souci (se faire du) : gāngnì tí

souffler : pîì, kûù ; gó-rì

soufflet de forge : kóg jūū. actionner les soufflets de la forge : ʔīvì kóg jūū

souffrir (faire) : mūùn

souhaiter : (búr) jōò. s. la mort : kērì kɔ̀vɔ̀, gɔ̄ɔ̀r kɔ̀vɔ̀

souiller : lágtà

soulever : sōò

soupe : míɲà (míɲà nīng, míɲà jí)

souple : jēē-rā

sourcil : bīɲ ɲíí nɔ́n, dàng ɲíí nɔ́n

sourd : mbíkī, mbōsō, lɔ̀gɔ̀

sourire : mɔ̄ngɔ̄ njə̰̀

souris : ɲìmí

sous : gìtì, hàà

souvenir (se) : ɲíí tāà

souvent : mbɔ̀g

sperme : mīɲ tə̰̄

STERCULIACEES : *Melochia corchorifolia* L., gìmī ré táná

stérile : bārā

sternum, haut du sternum : jéy jɔ̄r

subsister : yîì

succès (avec) : nī bō̰

sucer : mûùng, lāà. s. le fruit du ronier : ʔā-rì ʔíɲá

sucre : súkùr

sucrer, être sucré : kə̰̄ə̰̀. sucré : kə̰̀-ná

suer : lāvɔ̀

suffire : ndēèm, ɲānì. ne pas s. (à) : kōò (ɲíí)

suivre : tē-rì kūng, dígrì, ndōlò, sóngò

superficiel : kèrkèsè

supérieur, partie s. de qqch. : ɲíí. partie s. du corps : jɔ̄r

support de calebasse : gàjà/gājā gō̰ó̰

supposer : táárà

sur : rè/rē, sàng, ɲíí

sûrement : kám, géjígéjí

surpasser : tó-rì

surprendre : ndɔ́jɔ̀

sursauter : tîìr

surveiller : nûùng kūng

sympathie (avoir de la) : ɲíí sí-rì

syphilis : yàl

t

tabac : mɔ́ngɔ̀

tacher : lágtà

tacheté : bɔ̄n-ɔ̄. être t. : bɔ̄ɔ̀n

taenia : kínā̰á̰

taille : sīɲ yē ; 'bōtō. de très petite t. : mbúgjú, gīrīm mbúgjú, gīrīm gúrgúr, gúrgúr

tailler : sāàv, gîìv ; kûù. t. une dent en pointe : kûù ngìì

taillis : kùù

talon du pied : gìtì bo̰, gìtì kāsā

tamarinier : sùù

tambour : gò̰. tambours *sp.* : dàlȋa, dòvò, gángā

tamis : jə̰̄. t. à bière : jə̰̄ dām

tamiser : yígà ; têer ; lēèg

tandis que : sàng/hò̰ ʔōō...yā

tanné : kɔ̀ɔ̄l

tanner : bêeɲ kɔ̀ɔ̄l

tante : bìī bo̰, bìī nīī

taon : mbàà

tarir (se), être tari : pá-rì

taro : làgá

tas (mettre en) : kūgù

tasser : dāà, ndāà

tâter : tārì

teigne : lààbàɲ

témoigner en faveur de qqn : ré-rì ndàyā

temps : yór

tendeur d'un piège : kúú dà

tendon : ngìrà. t. d'Achille : ngìrà bò̰

tendre (adjectif) : jēē-rā

tendre : tálà

tenir debout (se) : râag

terme : (nām) ngʷêey/ngôi

terminer : mínì, kôor

termites *sp.* : pàjā ʔà kàà, vō̰, dà gàjà, ɲíí dèrā, kàà, gìtì gínɛ́ɛ, ngāārà kàà

termitière, t.-cathédrale : mbūú. t.-champignon : tīɲ kàà

terrasser qqn : dāàv

terre : rūū

tertre : mbààlā, yéé

testicule : ngīmí/ngūmú, bògɔ́ ngīmí

tétanos : ngòngnī

têtard : lándā

tête : ɲíí

têter : ʔā-rì

Tetraodon fahaka : kɔ̀tɔ̀kúnɔ̀

têtu (être, devenir) : ɲíí lēèl

tibia : bō̰ bò̰, bō̰ nɔ́n bò̰, bō̰ nɔ́n kāsā

tige : sīɲ. petites t. de fer utilisées par le forgeron : gìndī

Tilapia galilaea : bà

TILIACEES : *Corchorus tridens* L., hòg gìtì kàrā. *Grewia mollis* JUSS., bōr. *Triumfetta pentandra* A. RICH., gìmī ré vōō. *Triumfetta sp.*, kóg/kôo kɔ̀ɔ̄l

tique de chien : lēl yēē

tirer : tə̰̄ə̰̀ ; gó-rì

tissu : kīvī

toi : ʔàmɔ̀/ʔɔ̀mɔ̀

toile d'araignée : ʔàà ngàríngàng, kìmī ʔà ngàríngàng

toit : ɲíí. fermeture proéminente du chaume des cases à t. conique : bèrà yāng

tombe : dèrā

tomber : vêey

ton : ʔōòng

tordre : bīndà, mánì, ndûūg. tordu : gùnglùng

tortue : kīvì. tortues *sp.* : kīvì mbō-lō, kīvì tēērā

tortueux : vítívítí

tôt : láv, kàtàng

toucher : vāā-rì ; tā: [illegible] dîìm

toujours : mâarvâay, mbɔ̀g ; tɔ̀ng

toupie : ságá

tourbillon : lúlú mbārá

tourner : bērì, dīlà. t. la tête : rāàv. t. de l'oeil : nɔ́n sīìm

tournoyer (faire) : vírì

tourterelle : kéré

tousser : kôò

tout : tûù, tûù tûù ; nī gírī (gē) ; kánì, ngáláng. c'est tout ! : bō̰o̰, kàlá-sì. tout de suite : láv láv jɔ̄ɔ̄, ngʷàáy (gìrī)

toux : kōō-rō

trace : ɲíí bò̰, gòtò bò̰

tracer : tīì

trachée artère : nə̰̄ rōg

trachome : kòōr mbòtò. s. d'un tracho-me : nɔ́n yī-rì

traire : kā-rì mō, ʔīì mō

tranchant : ʔív-í. être t. : ʔîìv. t. de la main : gávrà (dàā) sōng

tranquillité : ndìng, lím, kààkà

transformer en (se) : dîìɲ

transparent : péréré, yèrèyèrè

transpercer : sóòr

transplanter : búù

transporter : sêèg

travail : séɲ

travailler : kērì séɲ

traverser : yāà. t. un cours d'eau, un marigot : bōòr mīɲ

tréfonds : ngààrā búr

treize : mò nī ʔə̰ ré tāà

trembler : tîìr, sââng

tremper, faire t. dans l'eau : bɔ̰̄ɔ̰̀. t. un morceau de boule dans la sauce : kērì dāā nī yɔ̀g

trente : mō tāà

tresser : tîìn, hɔ̰̄ɔ̰̀ɲ

tribunal : mbàngá

tricher : jé-rì, hāàm

trier : húùng sàng

triste (être) : búr mūùn

tristesse : 'bɔ̄ngɔ̄

trois : tāà. **trois cents** : ʔūtù tāà

troisième : ré hāàm tāà

trompe, t. d'éléphant : 'bòlò sōng ɲá, lòngò sōng ɲá. t. des hommes-lion : júng gōlō

tromper : gūù (gú). celui qui trompe : bō̰ gú

tromperie : gú

tronc : dānā yē ; mbùlūng ʔém, kùlkùtú

trou : bɔ̀g, bòlò ; gōō. t. de l'oreille : bɔ̀g sɔ́g. trou de rat, trou de foudre : kɔ̀-rɔ́. faire un t. à l'aide d'un instrument pointu ou tranchant : tîìr bòlò, tɔ́-rì bɔ̀g/bòlò. faire un t. circulaire : rōòng

trouver : sêèn/sóòn, gō-rì, húrù

trypanosomiase : sīī rō̰

tu : hà, mà

tubercule : gìtì

tuberculose : kōō-rɔ̄

tuer : ʔââm

tuteur : bīrì

tuyère de forge : dīng nām kóg jūū

U

un : ngōóng. un seul : ngōóng gìrī. l'un...l'autre : ʔò ré ngōóng...(nà) ʔò ré ngōóng. les uns...les autres : (ndávɔ̀) dùnɔ́ gē...(ndávɔ̀) dùnɔ́ gē

urine : ʔàláng

uriner : jō̰ò̰ ʔàláng

user : tɔ́grì. usé : dùrúrū

V

vagin : bòlò mbìtì, sàng mbìtì

vain (en) : tə̰̀

valeur (de moindre) : dɔ̄

van : kìì

vanner : pé-rì, yígà

vantard : bèrē ré rā-rì nām yēèy, bèrē ré ngāmnā

vanter (se) : rā-rì nām yē

varan *sp.* : dàɲ

variole : bítì

vaste : tátà

vautours *sp.* : bāv, bāv bùūrmùnjù

veine : ngìrà

vendre : 'dāvɔ̀/'dɔ̄vɔ̀

venger : dōò kīrā, kērì kóg sīī

venin : míɲà

venir : yé-rì

vent : sèèrā

ventiler : ʔīvì

ventre : búr

ver, v. de terre : ɲìɲā̰à̰, kèlèlè. v. solitaire : kínā̰á̰. ver *sp.* : ngāngā

verge : ndáa̰y

véritable : tā

vérité : tí ré tímbā

vers : rè/rē

verser : ʔāàng, gīja̋ ; ʔə̰̄ə̰̀

vert : ʔúrú, kīnā (∿ mûr) ; sɔ̄rɔ́, sɔ̄rɔ́ sɔ̄rɔ́ (∿ sec)

vertiges (avoir des) : nɔ́n tā-rì kímbīrī

vésicule biliaire : jàláng

vêtement : kīvī

veuve : vɔ̄ɔ̄ bìɲ, vɔ̄ɔ̄ sīī

viande : nīng

vider : gījà. v. un animal : dí-rì búr

vie : lūú

vieillesse : rēvē

vieux (être) : ndíìr

vif : pógò

vigoureux : ndúrù

village : ʔàà

vingt : mò dīí

viser : sāvɔ̀

vite : láv, láv láv

vivant : pógò, bɔ̄n-ɔ̄. être v. : bɔ̄ɔ̀n

voie lactée : nə̰̄ pīī, nə̰̄ mā̰ɲ, nə̰̄ ndìlà

voir : gō-rì

voisin : bàrā ʔàà

voiture : kàmyɔ̰̄ɔ̰̀

voix : rúú

vol : jéé-rá

voler (avec des ailes) : tā-rì

voler : jé-rì, hāàm

voleur : bèrē ré jéé-rá

vomir : júùr

votre : ʔùmɔ̄

vouloir : (búr) jɔ̄ɔ̀

vous : mɔ̄ ; ʔàmɔ̄/ʔɔ̀mɔ̄

voûte plantaire : ngāārà bɔ̰̀

voyage, voyageur : mbāā

voyager : tē-rì mbāā

vrai, vraiment : tímbā, tā, géjígéjí

vrombir (faire) : vírì

Z

ZYGOPHYLLACEES : *Tribulus terrestris* L., lá̰ɲ yāā bārá

TABLE DES MATIERES

Duplication SELAF